Das Kommunalabgaben-Gesetz

und das

Gesetz wegen Aufhebung direkter Staatssteuern

vom 14. Juli 1893.

Von **Dr. Conrad Bornhak.**

Preis Mk. 2.00.

J. J. Heines Verlag in Berlin.

Inhalt.

I. Kommunalabgaben-Gesetz.

II. Gesetz wegen Aufhebung direkter Staatssteuern.

Einleitung.

Geschichtliche Entwickelung des preußischen Kommunalsteuerwesens.

Das Kommunalsteuerwesen steht in engster Verbindung mit den Zielen und dem Umfange der kommunalen Thätigkeit überhaupt und ist in erster Linie hiervon abhängig. Denn die Einnahmen der Gemeinden sollen dieser nur die Mittel gewähren, ihren kommunalen Aufgaben gerecht zu werden. Diese Wechselwirkung zwischen den kommunalen Einkünften und Aufgaben zieht sich durch die ganze Entwickelung unserer Gemeinden und ist der Hauptgesichtspunkt, von dem aus auch noch heute das Kommunalsteuerwesen betrachtet werden muß.

In den früheren Stadien bis zum Anfange des vorigen Jahrhunderts bildeten die Dörfer überhaupt keine kommunalen Verbände, sondern nur natürlich gegebene Bezirke für die allgemeine Landesverwaltung und die Rechtspflege. Dagegen hatten die Städte schon in den frühesten Zeiten Korporationsrechte erlangt, vermöge deren sie in den Stand gesetzt waren, öffentliche und privatrechtliche Befugnisse für sich zu erwerben. Bei der Schwäche der mittelalterlichen Staatsgewalt drängte sich ganz naturgemäß die Entwicklung nach der Richtung, daß die Städte die dem Landesherren über sie zustehenden Regierungsrechte, insbesondere Gericht und Polizei, erwarben und auf diese Weise eine je nach dem Umfange der erworbenen Rechte größere oder geringere

Autonomie gegenüber der Staatsgewalt gewannen. Um diese Regierungsrechte ausüben zu können, bedurften die Städte aber materieller Mittel. Zum Teil lagen diese schon in den verliehenen Rechten. In der Verleihung von Gericht und Polizei war beispielsweise auch die Verleihung der Gerichteinkünfte und Polizeibrüchten enthalten. Andrerseits begabte aber auch der Landesherr mit den ihm in einer Stadt zustehenden Einkünften an Zins, Bede, Zoll und dergleichen in größerem oder geringerem Umfange die Stadtgemeinde, je nachdem er von dieser Dienste erhalten, er von ihr etwas erlangen oder auch nur seine Huld beweisen wollte. Auch die Regierungsrechte und Einkünfte des Landesherren von umliegenden Dörfern, später Kämmereidörfern genannt, wurden vielfach den Städten übertragen.

Dies war der Zustand der städtischen Finanzen bis über die Mitte des 15. Jahrhunderts hinaus. Wie die Aufgaben der Stadt als Korporation, als Kommunalverband, wenn auch nicht dem Umfange, so doch dem Inhalt nach keine andern sind als des Staates, Polizei und Rechtspflege, die der Staat auf die Stadt abgewälzt, so sind auch die Einnahmen der Stadt zur Erfüllung dieser Aufgaben lediglich solche, die der Staat früher besessen und zum Teil auf die Stadt übertragen hat, ein besonderes Kommunalsteuersystem besteht noch nicht.

Als gegen Ende des 15. Jahrhunderts die Städte ebenso wohl neue Einnahmequellen bedurften wie der Staat selbst, konnte sich letzterer, der selbst noch nicht zu einer Konsolidierung seiner Finanzen gelangt war, schon deßhalb nicht entschließen, den Städten ein Besteuerungsrecht über ihre Bürger zu geben, weil er diese Steuerkraft für sich selbst ausnutzen wollte. Nur soweit dies nicht der Fall war, wurde eine Art Besteuerung zugelassen. Die Städte erhielten nämlich meist die Ermächtigung, von jedem abziehenden Bürger Abschoß oder Abzugsgeld und bei Gewinnung des Bürgerrechtes, sofern es nicht vom Vater her ererbt war, ein Anzugsgeld zu erheben. In Brandenburg wurde ferner 1488 bei Einführung der Bierziese jeder Stadt, mit Ausnahme der altmärkischen, denen dieses Recht als Strafe für den sogenannten Bierzieseaufstand entzogen war, ein Drittel der in ihr zur Hebung gelangten Ziese zugestanden. Im Falle eines außerordentlichen Bedürfnisses wurde auch wohl einmal einer Stadt vom Landesherrn die Erlaubnis erteilt, eine Umlage unter den Bürgern zu erheben. Diese neuen Einnahmen waren aber doch im Verhältnisse zu den Gesammteinkünften der Stadt immer nur untergeordneter Natur. Da sich die kommunalen Aufgaben nicht geändert hatten, so blieben auch die städtischen Einkünfte im allgemeinen bis in das 18. Jahrhundert hinein dieselben wie bisher.

Selbst der sonst so vielfach in die innere Verwaltung der Städte eingreifende König Friedrich Wilhelm I. änderte in dieser Beziehung nicht das geltende Verwaltungsrecht, sondern nur die bisherige Verwaltungspraxis. Durch die strengste staatliche Aufsicht wurden die städtischen Behörden gezwungen, mit der äußersten Sparsamkeit zu wirtschaften und dadurch mit den vorhandenen Einkünften aus dem Kämmereivermögen auszukommen. Dagegen wurde die Veranstaltung außerordentlicher Kollekten ohne landesherrliche Genehmigung den Magistraten von Kleve-Mark am 14. Dezember 1716 bei Strafe des doppelten Ersatzes aus eigenen Mitteln untersagt.[1]) Dieses Verbot erfuhr 1728 eine Ausdehnung auf das ganze Staatsgebiet.[2]) Endlich erging am 4. September 1738 ein Gesetz, das erste, welches für das ganze Staatsgebiet die Kommunalbesteuerung zu regeln suchte, über das Verfahren bei Erhebung einer außerordentlichen Kollekte, wie die Kommunalsteuern damals hießen.[3]) Das Gesuch um Erteilung der Erlaubnis, wobei Quantum, Repartition und Grund der Kollekte anzugeben war, wurde vom Magistrate der nächsten staatlichen Aufsichtsbehörde, dem Commissarius loci, eingereicht, der es an die Kriegs- und Domänenkammer weiter beförderte. Nachdem die Erlaubnis erteilt war, wurde die Kollekte durch zwei Stadtverordnete erhoben, die zugleich dafür hafteten, daß die gesammelten Gelder nur zu dem bestimmten Zwecke verwendet wurden.

---

[1]) Scotti, Kleve-märkische Gesetzsammlung II, S. 911.

[2]) Mylius, Corpus Constitutionum Marchicarum V, 1 S. 427.

[3]) Mylius, C. C. M. Contin. I, 2 Nr. 40.

Dieses blieb der rechtliche Zustand des Kommunalsteuerwesens bis zur Steinschen Gesetzgebung. Das Allgemeine Landrecht II, 8 §§ 36—41 läßt das geltende Recht unberührt und giebt nur einige untergeordnete Bestimmungen. Danach können neue, bisher ungewöhnliche Dienste, Geld- oder andere Beiträge vom Magistrate ohne Zuziehung und Einwilligung der Bürgergemeinde außer einem dringenden Notfalle nicht gefordert, oder die Art ihrer Verteilung geändert werden. Aber auch die Bürgerschaft kann keine Beiträge ohne Einwilligung der Obrigkeit bestimmen und einsammeln. Die Befreiung von allgemeinen persönlichen Lasten der Bürger können einzelne Mitglieder ohne die Einwilligung der übrigen zu deren Nachteile nicht erlangen. Besondere Gesellschaften der Stadtgemeine dagegen können auch durch Verjährung von den Lasten der gemeinen Bürger befreit werden. Die bisherigen persönlichen und dinglichen Befreiungen von den allgemeinen bürgerlichen Lasten werden ebenfalls aufrecht erhalten.

Die Dörfer, über welche Gericht und Polizei allgemein dem Gutsherren oder dem landesherrlichen Domänenamte zustand, waren in Preußen erst unter König Friedrich Wilhelm I. aus einer besonderen Veranlassung als Kommunalverbände konstituiert worden, nämlich zur Tragung der Schullasten. Es geschah dies durch eine Reihe provinzieller Verordnungen.

Für die Provinz Preußen ergingen am 30. Juli 1736 die sogenannten Principia regulativa.[4]) Hiernach lag die Unterhaltung der Schulgebäude den Gemeinden ob, welche die erforderlichen Geldmittel durch Umlagen bei den Gemeindemitgliedern aufzubringen hatten, während der König freies Bauholz lieferte. Zum Unterhalte des Schulmeisters gab die Kirche oder bei Mittellosigkeit derselben der Patron jährlich vier Thaler, wogegen der Schulmeister den Kirchendienst mit zu verrichten, z. B. die Kirche rein zu machen hatte. Der König verlieh jedem Schulmeister einen Morgen Land, den die Bauern zu bearbeiten und freies Brennholz, das sie anzufahren hatten. Außerdem mußte dem Schulmeister

[4]) Abgedruckt bei Müller, Preußische Schulgesetzgebung, Berlin 1854, Anhang.

jeder Bauer von der Hufe einen Viertel Roggen und zwei Metzen Gerste, jedes Schulkind vier Groschen jährlich geben. Bei der Konfirmation jedes Kindes erhielt er sechs Groschen und den zweiten Klingelbeutel für sich. Falls er nicht zugleich ein Handwerk betrieb, durfte er während der Ernte neun Wochen auf Tagelohn gehen. Eine Kuh, ein Kalb, einige Schweine und etwas Federvieh konnte er frei auf die Weide schicken. Die Lasten der Gemeinde als solcher waren also noch sehr gering, sie bestanden lediglich in der Unterhaltung der Schulgebäude, wozu ihr überdies das Bauholz geliefert wurde.

Eine andere Verordnung vom 2. Januar 1738 für die Kur- und Neumark [5]) bestimmte, daß die bisher unter die Bauern verteilten Gemeindegründe an den Meistbietenden zu verpachten, die Pachtgelder aber zum Unterhalte der Schule zu verwenden seien. Die Gemeindegründe, welche bisher im Gesamteigentume der einzelnen Bauern gestanden hatten, wurden dadurch Eigentum der Gemeinde als Korporation, diese also ein Kommunalverband. In außerordentlichen Fällen mußten die Gemeinden auch hier zur Erhebung von Umlagen schreiten.

Die Landgemeinden waren daher unter Friedrich Wilhelm I. bereits ebenso, wie die Städte, trotz der Verschiedenheit der kommunalen Aufgaben beider, von Zeit zu Zeit zur Erhebung besonderer Kommunalsteuern gezwungen. Deshalb erging die oben erwähnte Verordnung vom 4. September 1838 über das Kollektenwesen nicht nur für die Städte, sondern auch schon für die Dörfer, nur mit der Maßgabe, daß die Erlaubnis der Kriegs- und Domänenkammer zur Veranstaltung der Kollekte von der Ortsbehörde durch Vermittlung des Landrates einzuholen war.

In einigen westfälischen Distrikten wurde auch die Armenpflege, die anderswo den Gutsherrschaften oblag, den Landgemeinden als Kommunalverbänden auferlegt, da in einem Teile Westfalens die Gutsherrlichkeit überhaupt nicht bestand. [6])

---

[5]) Mylius, C. C. M. Contin. I, 2 Nr. 4.

[6]) Vgl. Dorfordnung für das Fürstentum Minden, die Grafschaften Ravensberg, Tecklenburg und Lingen vom 7. Februar 1755 im Novum Corpus Constitutionum I, 4 Nr. 16.

Das Allgemeine Landrecht, welches die kommunalen Aufgaben der Landgemeinden im einzelnen nicht näher bestimmt, sondern es in dieser Beziehung bei dem bestehenden Rechte läßt, trifft auch über das Kommunalsteuerwesen im wesentlichen keine neuen Anordnungen. Es liegt in § 19 II, 7 den Dorfgemeinden die Rechte der öffentlichen Korporationen bei und beschränkt sich hinsichtlich der Kommunalsteuern, nachdem es über die den Bauern im öffentlichen Interesse obliegenden Dienste gesprochen in § 43 a. a. O. auf die Bestimmung, daß die baren Geldausgaben der Gemeinde in der Regel nach dem Verhältnisse der landesherrlichen Steuern aufzubringen sind.

Mit diesem Kommunalsteuerrechte trat Preußen in die große Steinsche Verwaltungsreform ein. Das Kommunalsteuerwesen der Landgemeinden blieb zunächst, wie deren Verfassung überhaupt unberührt. Dagegen erfolgte durch die Städteordnung vom 19. November 1808 [7]) eine vollständige Umwälzung der kommunalen Aufgaben. Die Gerichtsbarkeit der Städte nahm der Staat durch die Kabinetsordre vom 16. April 1809 [8]) wieder für sich in Anspruch, indem sämtliche Stadtgerichte für königliche Gerichte erklärt wurden. Damit schied die Rechtspflege aus dem Gebiete der Kommunalverwaltung aus. Dasselbe geschah hinsichtlich der Polizei im engeren Sinne schon durch die Städteordnung selbst, wobei jedoch dem Staate vorbehalten wurde, entweder besondere staatliche Polizeibehörden zu bestellen oder die Ausübung der Polizei dem Magistrate zu übertragen, der sie sodann vermöge Auftrags ausübte. Also auch die Polizei im engeren Sinne wurde aus dem Gebiete der kommunalen Aufgaben der Stadt ausgesondert. Gegenstand der städtischen Kommunalverwaltung blieb allein das, was man heute vielfach als Wohlfahrtspolizei zu bezeichnen pflegt, wie Schulwesen, Armenpflege, Feuersocietät, Sicherheitsanstalten, Sanitätspolizei, Bauangelegenheiten, Straßenbeleuchtung, Bewirtschaftung der städtischen Güter und dergleichen mehr.

---

[7]) Novum Corpus Constitutionum XII, 2 Nr. 57.

[8]) v. Rönne und Simon, Die preußischen Städteordnungen, Breslau 1893, S. 500.

Da die Kosten des Stadtgerichts wie der städtischen Polizei, auch wenn sie durch besondere staatliche Polizeibehörden ausgeübt wurde, zunächst noch von der Stadt zu tragen waren — erst bei der Steuerreform des Staates von 1820 wurde hierin eine Änderung getroffen — andererseits auch die Wohlfahrtspflege, welche noch Gegenstand der Kommunalverwaltung war, an Umfang keine Ausdehnung erfuhr, so lag zu einer Änderung des städtischen Kommunalsteuersystems noch keine Veranlassung vor. Die Städteordnung von 1808, von der Annahme ausgehend, daß die bisherigen städtischen Einkünfte, welche fast ausschließlich aus dem Kämmereivermögen flossen, auch fernerhin ausreichen würden, bestimmte daher im Anschlusse an das bisherige Recht, diejenigen Bedürfnisse der Stadt, welche aus dem städtischen Gemeindeeinkommen nicht bestritten werden konnten, sollten von den Stadtverordneten durch Verteilung auf die Stadteinwohner aufgebracht werden. Die einzige Einschränkung, der die Städteordnung dieses freie Besteuerungsrecht der Stadtverordneten unterwarf, bestand darin, daß eine Prägravation einzelner nicht durch Beschluß der Stadtverordneten, sondern nur auf Grund eines Gesetzes erfolgen konnte. Eine weitere staatliche Einwirkung fand nicht statt. Die Deklaration vom 11. Dezember 1809 zur Städteordnung[9]) traf ferner noch die Anordnung, daß die Staatsbeamten von ihrem Diensteinkommen zu den Kommunallasten bei einem Gehalte unter 250 Thlrn. 1 pCt., bei einem solchen von 250—500 Thlrn. $1^1/_2$ pCt., bei einem solchen von 500 Thlrn. und darüber 2 pCt. jährlich zu entrichten hätten.

Die Annahme der Städteordnung, daß die Erhebung von Kommunalsteuern nur in außerordentlichen Fällen erforderlich sein werde, erwies sich aber sehr bald als hinfällig. Zunächst wirthschafteten die städtischen Behörden bei der plötzlich gelockerten staatlichen Aufsicht, namentlich in den kleineren Städten, mit dem Kommunalvermögen sehr schlecht, so daß die Erträge desselben in einigen Städten zusehends abnahmen. Dagegen steigerte die

---

9) A. a. O. S. 274.

Kriegszeit und die dadurch hervorgerufene Verschuldung der meisten Städte die Bedürfnisse derart, daß die dauernde Erhebung von Kommunalsteuern nicht mehr zu umgehen war. Damit war aber eine allgemeine gesetzliche Regelung des Kommunalsteuerwesens zur unabweisbaren Notwendigkeit geworden, wenn man nicht der Willkür der Stadtverordnetenversammlungen Thor und Thür öffnen wollte.

Es geschah dies gleichzeitig mit der staatlichen Steuerreform durch das Gesetz vom 30. Mai 1820 über die Einrichtung des Abgabenwesens [10]), und zwar nicht nur für das Geltungsgebiet der Städteordnung von 1808, sondern für alle Gemeinden des damaligen preußischen Staates. Nach dem Vorbilde der französischen Zuschlagscentimen wurden die Gemeinden ermächtigt, einen Zuschlag zur Klassen- bezw. Schlacht- und Mahl-Steuer zu erheben, jedoch nur mit Genehmigung der vorgesetzten Regierung. Andere Auflagen und Aufschläge durften nur erhoben werden, wenn sie bereits bestanden und das Bedürfnis dazu noch fortdauerte, oder wenn sie in der Verfassung und auf landesherrlicher Bewilligung beruhten, in allen Fällen aber nur, sofern sie den Bestimmungen der allgemeinen Steuergesetze und der Freiheit des inneren Verkehrs nicht hinderlich waren. Außerdem wurde durch eine Kabinetsordre vom 29. April 1829 [11]) den Gemeinden die Einführung einer Hundesteuer im Höchstbetrage von jährlich drei Thalern für jeden nicht mehr säugenden Hund gestattet.

Die Verpflichtung zur Zahlung der Gemeindesteuern lag jedem ob, der in der Gemeinde seinen Wohnsitz hatte. Die Steuerpflicht der Staatsbeamten erfuhr eine neue Regelung durch das Gesetz vom 11. Juli 1822.[12]) Hiernach konnte das Diensteinkommen der Beamten nur dann von den Gemeinden besteuert werden, wenn auch der Beitrag der übrigen Einwohner des Ortes in Form einer allgemeinen Gemeindesteuer erhoben wurde. Aber

---

10) G.-S. 1820, S. 134.

11) v. Rönne und Simon, Die preuß. Städteordnungen, S. 253.

12) G.-S. 1822, S. 184.

auch dann war nur die Hälfte des Einkommens zu besteuern, und unter keinen Umständen sollte mehr gefordert werden können als die in der oben erwähnten Deklaration vom 11. Dezember 1809 bestimmten Prozentsätze. Von allen direkten Gemeindeabgaben wurden befreit: a) vom Staate für Witwen und Waisen ehemaliger Staatsdiener gezahlte Pensionen und Erziehungsgelder; b) Pensionen und Wartegelder der Staatsdiener bis zu 250 Thlr. jährlich; c) Sterbe- und Gnadenmonate; d) als Ersatz barer Auslagen zu betrachtende Dienstemolumente, und e) alle Besoldungen und Emolumente der aktiven Militärpersonen, der auf Inaktivitätsgehalt gesetzten Offiziere, der Geistlichen und Schullehrer. Zu den indirekten Abgaben mußten alle Einwohner in gleicher Weise beisteuern. Das Gesetz vom 11. Juli 1822 wurde zwar zunächst nur im Geltungsgebiete der Städteordnung von 1808 eingeführt, während sonst die bestehenden Vorschriften über die Gemeindesteuern in Kraft blieben. Zweifel und Lücken der letzteren sollten aber so gedeutet und ergänzt werden, daß die Auslegung dem Gesetze vom 11. Juli 1822 am nächsten kam.

Die unter dem Drucke der revolutionären Strömung zu Stande gekommene Gemeindeordnung vom 11. März 1850[13]) sagt über das Kommunalsteuerwesen nichts, läßt es also in dieser Beziehung bei dem geltenden Rechte. Erst die in den Jahren 1853—56 erlassenen Gesetze über die Städte- und Landgemeinde-Verfassungen trafen eingehende Bestimmungen über das Kommunalsteuerwesen, vernichteten aber gerade dadurch die bisher im wesentlichen einheitliche Kommunalsteuergesetzgebung. Noch mehr wurde ein übereinstimmendes Kommunalsteuerwesen in den verschiedenen Gemeinden dadurch unmöglich gemacht, daß letztere nicht mehr bei Einführung neuer Steuern auf Zuschläge zur Klassen-, bezw. Schlacht- und Mahlsteuer beschränkt wurden. Dazu kam die äußerst mannigfaltige Entwickelung der kommunalen Angelegenheiten in den einzelnen Landesteilen, die Verschiedenartigkeit der neuen Anforderungen, welche an die Kommunen, namentlich in

---

[13]) G.-S. 1850, S. 213 ff.

den industriellen Gebieten des Westens gemacht wurden. Im Jahre 1866 traten noch die neuen Provinzen mit teilweise ganz abweichenden kommunalen Einrichtungen hinzu.

Allgemein gesetzlich geregelt war nur die Besteuerung der unmittelbaren und mittelbaren Staatsbeamten für die alten Provinzen und Frankfurt a. M. durch das Gesetz vom 11. Juli 1822, für die neuen Provinzen durch die inhaltlich übereinstimmende Verordnung vom 23. September 1867. Im übrigen unterlagen der Besteuerung alle diejenigen physischen Personen, welche innerhalb der Gemeinde ihren Wohnsitz hatten.

Was die Städte anbetrifft, so konnten in den alten Provinzen, Schleswig-Holstein und Frankfurt a. M. die Steuern als Zuschläge zu den direkten Staatssteuern mit Ausnahme der Hausiergewerbesteuer, nur ausnahmsweise als besondere direkte oder indirekte Gemeindesteuern erhoben werden, während für Hannover und den übrigen Teil von Hessen-Nassau solche Normativbestimmungen nicht bestanden, sondern den Gemeinden freiere Hand gelassen war. Für die Landgemeinden der östlichen Provinzen wurde in erster Linie auf die Ortsverfassung verwiesen, nur, wenn diese dunkel oder nicht mehr passend war, konnte mit Genehmigung der Aufsichtsbehörden eine Abänderung getroffen werden. Dagegen schlossen sich die Landgemeindeordnungen der westlichen Provinzen an die für die Städte der alten Provinzen getroffenen Bestimmungen an. In den hannöverschen Landgemeinden wurde in erster Linie auf das Herkommen und erst demnächst auf giltige Gemeindebeschlüsse verwiesen.

Das Reichsrecht griff verschiedentlich, aber immer nur in einzelnen Punkten in das bestehende Kommunalsteuerrecht ein, so, indem es gewisse Arten von indirekten Steuern für unzulässig erklärte, die Kommunalsteuerbefreiungen der Militärpersonen zu reichsrechtlichen machte, die Besteuerung während der ersten drei Monate des Aufenthalts verbot 2c.

Da das mehrfach in Aussicht genommene Kommunalsteuergesetz nicht zu Stande kam, wurden wenigstens die größten Mißstände, die sich auf dem Gebiete des Kommunalsteuerwesens ergeben hatten, beseitigt durch das sog. Kommunalsteuergesetz vom 27. Juli 1885.[14]) Dasselbe ermöglichte die Heranziehung des Fiskus, der Erwerbsgesellschaften und juristischen Personen zu den Kommunalsteuern und enthielt außerdem Grundsätze zur Vermeidung der Doppelbesteuerung.

Der Mangel dieser gesamten Gesetzgebung bestand nicht nur in ihrer Unübersichtlichkeit, der Verstreuung des Materials in zahlreichen einzelnen Gesetzen und erheblichen, durch keine inneren Gründe gerechtfertigten partikularen Verschiedenheiten. Noch weit erheblicher fielen die volkswirtschaftlichen Nachteile ins Gewicht. Wie die dem Entwurfe des Kommunalsteuergesetzes beigefügten statistischen Materialien für das Rechnungsjahr 1891/92 ergeben, wurden in den Städten von mehr als 10000 Einwohnern über drei Viertel, in kleineren Städten über zwölf Dreizehntel und in den Landgemeinden über vierzehn Fünfzehntel sämtlicher Gemeindesteuern durch Zuschläge zu den direkten Staatssteuern aufgebracht. Für die Verteilung des Steuerbedarfs auf die verschiedenen Steuerarten fehlte es an jeglichen Vorschriften. Durch die Verweisung des Staates wie der Gemeinden auf im wesentlichen dieselben Steuerobjekte wurden aber diese übermäßig hoch belastet. Insbesondere die Einkommensteuerzuschläge stiegen in einzelnen Gemeinden auf 300 und 400 pCt.

Eine Reform des Kommunalsteuerwesens war erst möglich, wenn die Umgestaltung der staatlichen Steuerverfassung den Staat in den Stand setzte, auf einzelne der bisher von ihm herangezogenen Steuerobjekte zu Gunsten der Gemeinden zu verzichten. Mit dem Abschlusse der staatlichen Steuerreform wurden daher in der Landtagssession 1892/93 zwei ineinander greifende Gesetzentwürfe eingebracht, der Gesetzentwurf wegen Aufhebung direkter Staatssteuern, das sog. Überweisungsgesetz, und der Entwurf des Kommunalabgabengesetzes. In dem ersteren verzichtete der Staat zu Gunsten der Gemeinden auf die fernere Erhebung der Grund- und Gebäude-, wie der Gewerbesteuer, das letztere enthielt die neuen Normen über die Gestaltung des kommunalen Steuerwesens.

---

[14]) G. S. 1885, S. 327.

Die wesentlichen Grundsätze, von denen diese Gesetzentwürfe ausgingen, waren folgende:

Die Aufbringung der Gemeindebedürfnisse im Wege der direkten Besteuerung sollte thunlichst beschränkt werden. In erster Linie sollte die Gemeinde auf andere, bisher garnicht oder wenigstens nicht ausreichend genutzte Einnahmequellen verwiesen werden. Hierher gehört namentlich die Erhebung angemessener Gebühren für die Benutzung der im öffentlichen Interesse unterhaltenen Veranstaltungen und die Einziehung von Beiträgen der zunächst beteiligten Interessenten zur Deckung von Aufwendungen, welche vorzugsweise einem bestimmten Kreise der Gemeindeangehörigen zu Gute kommen. Auch die besondere Ausbildung indirekter Steuern, soweit das Reichsrecht nicht im Wege steht, erscheint wünschenswert.

Die direkten Gemeindesteuern werden vorzugsweise auf die Ertragssteuern (Grund-, Gebäude-, Gewerbesteuer) unter Ermäßigung der Einkommensteuerzuschläge zurückgeführt werden. Die Ertragssteuern sollen den Grund und Boden und die Gewerbebetriebe für die ihnen vorzugsweise zu Gute kommenden oder durch sie veranlaßten Ausgaben nach dem Grundsatze von Leistung und Gegenleistung in Anspruch nehmen. Dagegen fallen die Aufwendungen für allgemeine öffentliche Zwecke allen Einwohnern zur Last und sind von denselben nach Maßgabe der persönlichen Leistungsfähigkeit, also im Wege der Einkommenbesteuerung aufzubringen.

Es ergiebt sich daraus als leitender Gesichtspunkt für die Verteilung des Steuerbedarfs auf die verschiedenen Steuerarten, daß durch die Ertragssteuern diejenigen Aufwendungen der Gemeinden zu decken sind, welche in überwiegendem Maße dem Grundbesitze oder dem Gewerbebetriebe zum Vorteile gereichen. Wann dies zutrifft, erscheint im wesentlichen als Frage des konkreten Falles. Um ein übermäßiges Anschwellen der Einkommensteuerzuschläge zu verhindern, mußte daher das Gesetz selbst ein allgemeines Verhältnis der Zuschläge festsetzen. Bei der Verschiedenheit der wirtschaftlichen Verhältnisse in den einzelnen Gemeinden wurden jedoch Ausnahmen von diesem normalen Verhältnisse mit Genehmigung der Aufsichtsbehörden zugelassen.

Die Gemeinden erhalten die Grund- und Gebäude- wie die Gewerbesteueuer vom Staate überwiesen, und diese Steuern werden nach Maßgabe der darüber bestehenden besonderen Steuergesetze auch weiter von den staatlichen Organen im Interesse der Gemeinden veranlagt. Den Gemeinden sind aber die betreffenden Steuerobjekte überhaupt vom Staate preisgegeben, sie brauchen daher die Besteuerung nicht in der Form der bisherigen Staatssteuer vorzunehmen, sondern können statt dessen besondere Steuern vom Grundbesitze und vom Gewerbebetriebe einführen. Die Gemeinden erhalten hierdurch volle Autonomie, ihr Steuersystem je nach ihren besonderen wirtschaftlichen Bedürfnissen auszugestalten. Namentlich wird eine solche besondere Besteuerung des Betriebes der Schankwirtschaft, der Gastwirtschaft und des Kleinhandels mit Branntwein und Spiritus für wünschenswert erklärt.

Als Ersatz der Gemeindeeinkommensteuer sollten besondere Aufwandssteuern, wie Mietssteuer, Wohnungssteuer rc. zulässig sein, im übrigen aber die Einkommensteuer nur in der Form von Zuschlägen zur Staatseinkommensteuer erhoben werden dürfen. Dabei blieb unter Genehmigung der Aufsichtsbehörden eine verschiedene Bemessung der Zuschläge für die einzelnen Stufen des Steuertarifs vorbehalten. Nur die Zulassung anderweiter besonderer Personalsteuern erschien unvereinbar mit den Interessen der staatlichen Steuerverwaltung.

Der Zusammenhang mit dem Gemeindesteuerwesen machte auch die Abänderung einiger Vorschriften über die Verteilung der Kreis- und Provinzialabgaben in der Richtung der für die Gemeindesteuern aufgestellten Gesichtspunkte notwendig.

Voraussetzung der ganzen Steuerreform war, daß auch der Gesetzentwurf über die Ergänzungssteuer, welche den Staat in den Stand setzen sollte, auf die Realsteuern zu verzichten, die parlamentarische Zustimmung fand.

Die beiden Häuser des Landtages nahmen an den beiden

hier in Betracht kommenden Gesetzentwürfen nur in einigen untergeordneten Punkten Abänderungen vor, während sie sich in allen wesentlichen Punkten zustimmend verhielten. Die Publikation beider Gesetze erfolgte, nachdem sie unter dem 14. Juli 1893 vom Könige sanktioniert waren. (G.-S. 1893, S. 152 ff.)

Die weitere Ausführung und Erreichung des vom Gesetzgeber Gewollten ist nunmehr in die Hand der Gemeinden selbst und der kommunalen Aufsichtsbehörden gelegt.

I. Kommunalabgaben-Gesetz.

Wir Wilhelm, von Gottes Gnaden König von Preußen &c. verordnen mit Zustimmung beider Häuser des Landtags Unserer Monarchie für den Umfang derselben, mit Ausschluß der Hohenzollernschen Lande und der Insel Helgoland, was folgt:

Die Ausschließung der Hohenzollernschen Lande und der Insel Helgoland von dem Geltungsgebiete des Kommunalabgabengesetzes folgt mit Notwendigkeit daraus, daß in beiden Landesteilen ein besonderes System der staatlichen Besteuerung aufrecht erhalten worden ist. Die Kommunalbesteuerung hat aber die staatliche zur Vorbedingung.

Theil I. Gemeindeabgaben.

Erster Titel.

Allgemeine Bestimmungen.

§ 1.

Die Gemeinden sind berechtigt, zur Deckung ihrer Ausgaben und Bedürfnisse nach Maßgabe der Bestimmungen dieses Gesetzes Gebühren und Beiträge, indirekte und direkte Steuern zu erheben, sowie Naturaldienste zu fordern.

§ 1 enthält die gesetzliche Ermächtigung der Gemeinden zur Erhebung der verschiedenen Arten des Gemeindeeinkommens zur Deckung der Gemeindebedürfnisse. Die Einkommenszweige werden in der Reihenfolge aufgezählt, in der sie erhoben werden sollen. Zunächst werden die Gemeinden auf Gebühren und Beiträge, demnächst auf indirekte, sodann auf direkte Steuern und in letzter Linie auf Naturaldienste verwiesen. Eine Neuerung gegenüber den meisten geltenden Gemeindeordnungen ist dabei die besondere Hervorhebung der Gebühren und Beiträge. Die einzelnen Einkommenszweige werden demnächst besonders behandelt und zwar Gebühren und Beiträge §§ 4—12, indirekte Gemeindesteuern §§ 13—19, direkte Gemeindesteuern §§ 20—67 und Naturaldienste § 68. Auf Gutsbezirke bezieht sich der § 1 nicht.

§ 2.

Die Gemeinden dürfen von der Befugnis, Steuern zu erheben, nur insoweit Gebrauch machen, als die sonstigen Einnahmen, insbesondere aus dem Gemeindevermögen, aus Gebühren, Beiträgen und vom Staate oder von weiteren Kommunalverbänden den Gemeinden überwiesenen Mitteln zur Deckung ihrer Ausgaben nicht ausreichen. Auf Hunde- und Lustbarkeits-, sowie auf ähnliche, durch besondere Rücksichten gebotene Steuern findet diese Bestimmung keine Anwendung.

Durch direkte Steuern darf nur der Bedarf aufgebracht werden, welcher nach Abzug des Aufkommens der indirekten Steuern von dem gesamten Steuerbedarfe verbleibt.

Die in § 1 für die Aufbringung der Gemeindebedürfnisse gegebene Direktive wird hier weiter ausgeführt und zu einer gesetzlichen Verpflichtung für die Gemeinde gemacht, während die subsidiäre Stellung der Steuern gegenüber den sonstigen Gemeindeeinnahmen bisher nur eine thatsächliche war. Weiterhin wird aber der Höchstbetrag der direkten Steuern normiert je nach dem verbleibenden Bedarfe. Die Ansammlung besonderer Fonds zu Schulbauten ꝛc. auf dem Wege der Besteuerung soll damit keineswegs ausgeschlossen werden, sondern nur die Erhebung von Steuern über das Bedürfnis der Gemeinde überhaupt.

§ 3.

Gewerbliche Unternehmungen der Gemeinden sind grundsätzlich so zu verwalten, daß durch die Einnahmen mindestens die gesammten durch die Unternehmung der Gemeinde erwachsenden Ausgaben, einschließlich der Verzinsung und der Tilgung des Anlagekapitals, aufgebracht werden.

Eine Ausnahme ist zulässig, sofern die Unternehmung zugleich einem öffentlichen Interesse dient, welches anderenfalls nicht befriedigt wird.

Unter einem gewerblichen Unternehmen ist, wie in der Theorie und durch die Rechtsprechung allgemein anerkannt wird, eine fortgesetzte, auf Erzielung eines Gewinnes gerichtete Thätigkeit zu sehen. Vgl. z. B. Entsch. des O.-V.-G. vom 31. Januar 1877, Bd. 2, S. 33, vom 9. Dezember 1887, Bd. 16, S. 86. Einen Gewerbebetrieb kann an sich jeder Privatmann unternehmen, die Gemeinde handelt also hierbei nicht in Ausübung der ihr übertragenen staatlichen Hoheitsrechte, sondern sie bethätigt sich wirtschaftlich gemäß den Normen des Privatrechts.

Eine gesetzliche Verpflichtung der Gemeinden, gewisse Gewerbebetriebe, z. B. den der Pferdebahnen, Gasanstalten, selbst zu übernehmen, wird nicht ausgesprochen, so wünschenswert ein solcher Gewerbebetrieb durch die Gemeinden aus sozialpolitischen und wirtschaftlichen Gründen auch sein mag. Ob, bezw. welche Gewerbe sie betreiben wollen, bleibt daher der Beschlußfassung der Gemeinden überlassen. Wenn sie aber einen Gewerbebetrieb unternehmen, müssen sie bei der Verwaltung die im Gesetze aufgestellten Regeln beobachten.

Zweiter Titel.

Gebühren und Beiträge.

§ 4.

Die Gemeinden können für die Benutzung der von ihnen im öffentlichen Interesse unterhaltenen Veranstaltungen (Anlagen, Anstalten und Einrichtungen) besondere Vergütungen (Gebühren) erheben.

Die Erhebung von Gebühren hat zu erfolgen, wenn die Veranstaltung einzelnen Gemeindeangehörigen oder einzelnen Klassen von solchen vorzugsweise zum Vorteile gereicht und soweit die Ausgleichung nicht durch Beiträge (§ 9) oder eine Mehr- oder Minderbelastung (§ 20) erfolgt. Die Gebührensätze sind in der Regel so zu bemessen, daß die Verwaltungs- und Unterhaltungskosten der Veranstaltung, einschließlich der Ausgaben für die Verzinsung und Tilgung des aufgewendeten Kapitals, gedeckt werden.

Besteht eine Verpflichtung zur Benutzung einer Veranstaltung für alle Gemeindeangehörigen oder für einzelne Klassen derselben, oder sind die Genannten auf die Benutzung der Veranstaltung angewiesen, so ist unter Berücksichtigung des öffentlichen Interesses, welchem die Veranstaltung dient, und der den Einzelnen gewährten besonderen Vorteile eine entsprechende Ermäßigung der Gebührensätze gestattet; auch kann in Fällen dieser Art die Erhebung von Gebühren unterbleiben.

Auf Unterrichts- und Bildungsanstalten, auf Krankenhäuser, Heil- und Pflegeanstalten, sowie auf vorzugsweise den Bedürfnissen der unbemittelten Volksklassen dienende Veranstaltungen finden vorstehende Bestimmungen (Absatz 2 und 3) keine Anwendung. Jedoch muß für den Besuch der von den Gemeinden unterhaltenen höheren Lehranstalten und Fachschulen ein angemessenes Schulgeld erhoben werden.

Andere Abweichungen von der in Absatz 2 vorgeschriebenen Bemessung der Gebühren sind nur aus besonderen Gründen gestattet.

Ein Zwang zur Erhebung von Chaussee-, Wege-, Pflaster- und Brückengeldern findet nicht statt.

Das Wort „Gebühr" hat eine doppelte Bedeutung. In erster Linie versteht man darunter das von den Staatsangehörigen zu entrichtende Entgelt für die Vornahme von Hoheitsakten, welche sie in ihrem eigenen Interesse veranlaßt haben. Eine solche Gebühr ist öffentlichrechtlicher Natur, und deßhalb über die Berechtigung zu ihrer Erhebung wie über ihre Höhe der ordentliche Rechtsweg grundsätzlich ausgeschlossen. Inkorrekter Weise bezeichnet man aber außerdem vielfach als Gebühren Gegenleistungen der Staatsangehörigen für Leistungen des Staates oder öffentlicher Verbände auf dem Boden des Privatrechts. Wenn auch solche Gebühren ihrer Höhe nach ein für allemal festgestellt sein können, so bildet doch die Rechtsgrundlage ihrer Erhebung im einzelnen Falle der privatrechtliche Vertrag. Daher ist auch über sie der Rechtsweg unbedingt zulässig. Vgl. Bornhak, Preuß. Staatsrecht Bd. 3, S. 552 ff.; v. Mayr, Art. Gebühren in v. Stengels Wörterbuch des Verwaltungsrechts Bd. 1, S. 173. Das Gesetz faßt hier beide Arten von Gebühren zusammen. Es wird daher im einzelnen Falle immer zu prüfen sein, ob es sich um eine öffentlichrechtliche Gebühr oder um eine privatrechtliche Gegenleistung handelt. Praktisch wird die Entscheidung nicht schwer fallen, wenn man sich jedesmal fragt, ob die Leistung der Gemeinde, für welche die Gebühr zu entrichten ist, an sich auch von einer Privatperson dargeboten werden könnte.

Der vorliegende § behandelt nur die Gebühren für die Benutzung von Gemeindeanstalten, während die Gebühren für einzelne Handlungen der Gemeindeorgane erst in § 6 erörtert werden. Für die Verwaltung der Gemeindeanstalten sind die hier gegebenen Regeln über die Erhebung der Gebühren zu Grunde zu legen.

Über die Erhebung des Schulgeldes für den Besuch der zur Erfüllung der allgemeinen Schulpflicht dienenden Volksschulen enthält das Gesetz keine Bestimmungen, weil dieser Gegenstand bereits durch das Gesetz vom 14. Juni 1888 — G.-S. 1888, S. 240 — erschöpfend geregelt ist. Ein Schulgeld darf hiernach nur erhoben werden für nicht in der Gemeinde oder dem Schulverbande einheimische Kinder und zweitens, soweit der Staatsbeitrag das bisher erhobene Schulgeld nicht deckt, oder eine erhebliche Steigerung der Lasten eintreten müßte. In letzterem Falle bedarf es jedoch der von fünf zu fünf Jahren zu erteilenden Genehmigung des Kreisausschusses auf dem Lande, des Bezirksausschusses in den Städten. Vgl. Bornhak, Preuß. Staatsrecht Bd. 3, S. 679.

§ 5.

Die bestehenden Vorschriften über die Verleihung des Rechts auf Erhebung von Chaussee-, Wege-, Pflaster-, Brücken-, Fähr-, Hafen-, Schleusengeldern und von anderen derartigen Verkehrsabgaben, sowie über die Feststellung der Tarife für solche werden durch dieses Gesetz nicht berührt.

Nach den im A. L.-R. II, 15 §§ 90 ff. aufgestellten Rechtsgrundsätzen darf niemand Brücken- und Wegegeld erheben, als dem das Recht dazu vom Staate verliehen oder aufgetragen ist. Die Erhebung darf ferner nur erfolgen auf Grund eines vom Staate bestimmten Tarifes. Für die übrigen Landesteile sind ähnliche Normen in den partikularen Wegegesetzen enthalten. Die Abgaben für die Benutzung der Kunststraßen, die Chausseegelder, beruhen in den älteren Landesteilen auf dem Chausseegeldtarife vom 28. April 1828 — G.-S. 1828, S. 65 —, an dessen Stelle für die damaligen Staatschausseen der Tarif vom 29. Februar 1840 — G.-S. 1840, S. 94 — getreten ist. Letzterer findet auch auf diejenigen Kunststraßen von Korporationen, Aktiengesellschaften und Privatpersonen Anwendung, welche denselben an Stelle ihres bisherigen Tarifs ausdrücklich annehmen. Wegen Erhebung der Kommunikationsabgaben auf den nicht chaussierten Wegen gilt für die älteren Landesteile die Verordnung vom 16. Juli 1838 — G.-S. 1838, S. 353 —, Vgl. dazu Anw. des Fin.-Min. vom 18. März 1841 — M. Bl. der inn. Verw. 1841, S. 141 —. In der Provinz Hannover sind über die Wegegelder die Gesetze vom 4. Dezember 1834, 7. März 1848, 13. Juli 1856 und 12. August 1858 — Hann. G.-S. 1834, Abt. I, S. 61; 1848, Abt. I, S. 87; 1856, Abt. I, S. 199; 1858, Abt. I, S. 261 — ergangen.

Das Recht, Fähren zum Übersetzen gegen Entgelt zu halten, betrachtet das A. L.-R. II, 15 §§ 50, 51, welches durch die Gewerbeordnung unberührt geblieben ist, als Regal des Staates, so daß der Fahrbetrieb nur auf Grund besonderer Verleihung, durch welche auch die Gebühren festgesetzt werden, auf andere Personen übergehen kann. Dasselbe gilt nach §§ 80, 88 II, 15 A. L.-R. von den Häfen und den für ihre Benutzung zur Hebung kommenden Gebühren.

Auf die Kleinbahnbetriebe im Sinne des Ges. vom 28. Juli 1892, bei denen die Gemeinden als Unternehmer auftreten können, bezieht sich, wie in der Kommission allseitig anerkannt wurde, dieser § nicht.

§ 6.

Die Gemeinden, Amtsbezirke, Ämter und Landbürgermeistereien sind berechtigt, für die Genehmigung und Beaufsichtigung von Neubauten, Umbauten und anderen baulichen Herstellungen, sowie für die ordnungs- und feuerpolizeiliche Beaufsichtigung von Messen

und Märkten, von Musikaufführungen, Schaustellungen, theatralischen Vorstellungen und sonstigen Lustbarkeiten, Gebühren zu erheben. Die Erhebung von Lustbarkeitssteuern schließt die Erhebung von Gebühren für die Beaufsichtigung der Lustbarkeit aus.

Im übrigen bewendet es hinsichtlich der Befugnis der Gemeinden, für einzelne Handlungen ihrer Organe Gebühren (Verwaltungsgebühren) zu erheben, bei den bestehenden Bestimmungen.

Die Gebühren müssen so bemessen werden, daß deren Aufkommen die Kosten des bezüglichen Verwaltungszweiges nicht übersteigt.

Die in Abs. 1 aufgezählten Gebühren sind ausschließlich öffentlichrechtliche. Vgl. A. zu § 4. Es handelt sich dabei nicht um Gegenleistungen für die kommunale Thätigkeit, sondern für die Ausübung der unmittelbaren staatlichen Thätigkeit (allgemeinen Landesverwaltung) durch kommunale Organe. Den Kommunen fließen diese Gebühren nur zu, weil sie für die Kosten der staatlichen Polizeiverwaltung im allgemeinen aufzukommen haben. Der besonderen Hervorhebung der Amtsbezirke, Ämter und Bürgermeistereien bedurfte es, weil in ihnen sonst die kommunalen Lasten von der Einzelgemeinde aufgebracht werden, es aber wünschenswert erschien, das Recht zur Erhebung der Gebühr in dem ganzen Ortspolizeibezirke einheitlich zu regeln.

Die in Abs. 2 erwähnten Verwaltungsgebühren beruhen zum Teil auf altem Herkommen und Privilegien, welche durch die Sporteltaxordnung vom 25. April 1825 aufrecht erhalten sind, zum Teil wie Post-, Eich-, standesamtliche Gebühren auf besonderen Gesetzen.

§ 7.

Gebühren sind im Voraus nach festen Normen und Sätzen zu bestimmen. Eine Berücksichtigung Unbemittelter ist nicht ausgeschlossen.

Dies gilt von öffentlichen wie von privatrechtlichen Gebühren. Der geeignete Weg der Festsetzung wird der durch Gemeindestatut nach Maßgabe der besonderen Gemeindeverfassungsgesetze sein.

§ 8.

Die Festsetzung von Gebühren bedarf in den Fällen des § 4 Absatz 3 und 5 und des § 6 der Genehmigung.

Das Erfordernis der Genehmigung des Schulgeldes durch die Schulaufsichtsbehörde bleibt unberührt.

Die in den §§ 4 Abs. 3, 5 und 6 aufgeführten Gebühren sind nicht ausschließlich öffentlichrechtliche. Es hängt daher unter Umständen, namentlich in den Fällen des § 4 Abs. 5 auch die Bemessung der privatrechtlichen Gegenleistung durch die Gemeinde von der Genehmigung ab. Das in § 5 des Ges. vom 18. März 1868 festgesetzte Maximum für Schlachthausbenutzung fällt damit fort. Wegen des Schulgeldes vgl. letzte Note zu § 4.

§ 9.

Die Gemeinden können behufs Deckung der Kosten für Herstellung und Unterhaltung von Veranstaltungen, welche durch das öffentliche Interesse erfordert werden, von denjenigen Grundeigentümern und Gewerbetreibenden, denen hierdurch besondere wirtschaftliche Vorteile erwachsen, Beiträge zu den Kosten der Veranstaltungen erheben. Die Beiträge sind nach den Vorteilen zu bemessen.

Beiträge müssen in der Regel erhoben werden, wenn andernfalls die Kosten, einschließlich der Ausgaben für die Verzinsung und Tilgung des aufgewendeten Kapitals, durch Steuern aufzubringen sein würden.

Der Plan der Veranstaltung ist nebst einem Nachweise der Kosten offen zu legen. Der Beschluß der Gemeinde wegen Erhebung von Beiträgen ist unter der Angabe, wo und während welcher Zeit Plan nebst Kostennachweis zur Einsicht offen liegen, in ortsüblicher Weise mit dem Bemerken bekannt zu machen, daß Einwendungen gegen den Beschluß binnen einer bestimmt zu bezeichnenden Frist von mindestens vier Wochen bei dem Gemeindevorstande anzubringen seien. Handelt es sich um eine Veranstaltung, welche nur einzelne Grundeigentümer oder Gewerbetreibende betrifft, so genügt an Stelle der Bekanntmachung eine Mitteilung an die Beteiligten. Der Beschluß bedarf der Genehmigung.

Zu diesem Behufe hat der Gemeindevorstand den Beschluß nebst den dazu gehörigen Vorverhandlungen und der Anzeige, ob und welche Einwendungen innerhalb der gestellten Frist erhoben sind, der zuständigen Behörde einzureichen.

Der Beschluß der zuständigen Behörde ist in gleicher Weise zur Kenntnis der Beteiligten zu bringen, wie der Beschluß der Gemeinde bekannt gemacht worden ist.

Gegen den Beschluß der zuständigen Behörde steht den Beteiligten die Beschwerde offen.

Die Bezeichnung „Beiträge" für eine bestimmte Art der Gemeindeabgaben ist erst in der neueren staatswissenschaftlichen Literatur aufgetaucht. Man versteht darunter Abgaben an die Gemeinde, die ausschließlich auf wirtschaftlichem Gebiete vorkommen und ihre Begründung in den Vorteilen finden, welche durch die betreffenden Gemeindeanlagen für gewisse örtlich abgegrenzte Gruppen von Grundstücken oder Gewerbebetrieben entstehen. Vgl. Eheberg, Art. Gemeindefinanzen § 14 im Handwörterbuche der Staatswissenschaften Bd. 3, S. 773. Solche Abgaben wurden auch bisher schon für Anlage von Straßen, Wasserleitungen ꝛc. erhoben, sie erhalten aber hier zum ersten Male eine allgemeine gesetzliche Grundlage. Die Beiträge sind als privatrechtliche Gegenleistung aufzufassen für die Vermögensvermehrung, welche der einzelne, ohne einen Rechtsanspruch darauf zu haben, auf Kosten der Allgemeinheit erfährt. Sie bilden insofern ein Gegenstück zu der Entschädigung, welche die Gesamtheit für die Vermögensaufopferung des einzelnen bei der Enteignung leistet. Trotz dieser privatrechtlichen Eigenschaft ist jedoch über die Beiträge nicht der ordentliche Civilrechtsweg, sondern nur das besondere Reklamationsverfahren zulässig. Vgl. § 69.

Das Erfordernis der Aufstellung und Veröffentlichung eines förmlichen Planes bestand bisher nicht, entspricht aber dem bei der Enteignung üblichen Verfahren.

Die Einwendungen und die Beschwerde gegen den Plan können sich sowohl gegen dessen Rechtsmäßigkeit, wie gegen die Zweckmäßigkeit richten.

Die Gesetzwidrigkeit des Planes, auf Grund dessen die Heranziehung zu Beiträgen erfolgt, kann aber, auch wenn der Plan endgiltig genehmigt ist, auch noch später in dem Reklamationsverfahren gegen die Beiträge erfolgen.

§ 10.

Die Vorschriften des Gesetzes, betreffend die Anlegung und Veränderung von Straßen und Plätzen in Städten und ländlichen Ortschaften, vom 2. Juli 1875 (Gesetz-Samml. S. 561), bleiben mit der Maßgabe in Kraft, daß die im § 15 daselbst vorgesehenen Beiträge nach einem anderen, als dem dort angegebenen Maßstabe, insbesondere auch nach der bebauungsfähigen Fläche, bemessen werden dürfen.

§ 15 des Ges. vom 2. Juli 1875:

„Durch Ortsstatut kann festgesetzt werden, daß bei der Anlegung einer neuen oder bei der Verlängerung einer schon bestehenden Straße, wenn solche zur Bebauung bestimmt ist, sowie bei dem Anbau an schon vorhandenen, bisher unbebauten Straßen und Straßenteilen von dem Unternehmer der neuen Anlage oder von dem angrenzenden Eigentümern — von letzteren, sobald sie Gebäude an der neuen Straße errichten — die Freilegung, erste Einrichtung, Entwässerung und Beleuchtungsvorrichtung der Straße in der dem Bedürfnisse entsprechenden Weise beschafft, sowie deren zeitweise, höchstens jedoch fünfjährige Unterhaltung, beziehungsweise ein verhältnismäßiger Beitrag oder der Ersatz der zu allen diesen Maßnahmen erforderlichen Kosten geleistet werde. Zu diesen Verpflichtungen können die angrenzenden Eigentümer nicht für mehr als die Hälfte der Straßenbreite, und wenn die Straße breiter als 26 Meter ist, nicht für mehr als 13 Meter der Straßenbreite herangezogen werden.

Bei Berechnung der Kosten sind die Kosten der gesamten Straßenanlage und beziehungsweise deren Unterhaltung zusammenzurechnen und den Eigentümern nach Verhältnis der Länge ihrer, die Straße berührenden Grenze zur Last zu legen.

Das Ortsstatut hat die näheren Bestimmungen innerhalb der

Grenze vorstehender Vorschrift festzusetzen. Bezüglich seiner Bestätigung, Anfechtbarkeit und Bekanntmachung gelten die im § 12 gegebenen Vorschriften".

Das in § 12 des Ges. vom 2. Juli 1875 angegebene Verfahren, Bestätigung durch den Bezirksausschuß, Beschwerde gegen dessen Beschluß an den Provinzialrat und nach der Bestätigung Bekanntmachung in ortsüblicher Art, tritt in diesem Falle an die Stelle des durch § 9 vorgeschriebenen Verfahrens die Offenlegung des Planes.

Vgl. im übrigen Friedrichs, das Gesetz vom 2. Juli 1875. 2 Aufl., Berlin und Leipzig 1889.

§ 11.

Die Vorschriften des Gesetzes, betreffend die Erhebung von Marktstandsgeld, vom 26. April 1872 (Gesetz-Samml. S. 513) bleiben unberührt.

Ebenso behält es bei den Bestimmungen der Gesetze über die Errichtung öffentlicher Schlachthäuser vom 18. März 1868 (Gesetz-Samml. S. 277) und 9. März 1881 (Gesetz-Samml. S. 273) sein Bewenden. Jedoch dürfen für die Schlachthausbenutzung Gebühren bis zu einer solchen Höhe erhoben werden, daß durch ihr jährliches Aufkommen die Kosten der Unterhaltung der Anlage und des Betriebes, sowie ein Betrag von 8 pCt. des Anlagekapitals und der etwa gezahlten Entschädigungssumme gedeckt werden. In denjenigen Städten, in denen Verbrauchssteuern auf Fleisch zur Erhebung kommen, dürfen die Benutzungsgebühren nur bis zu einer solchen Höhe erhoben werden, daß durch ihr jährliches Aufkommen außer den Unterhaltungs- und Betriebskosten ein Betrag von 5 pCt. des Anlagekapitals und der Entschädigungssumme gedeckt wird.

Die Gebühren für die Untersuchung des nicht in öffentlichen Schlachthäusern ausgeschlachteten Fleisches (Artikel 1 § 2 Nr. 2 und 3 des Gesetzes vom 9. März 1881) können in einer den Gebühren für die Schlachthausbenutzung entsprechenden Höhe bemessen werden.

Marktstandsgelder im gesetzlichen Höchstbetrage von 20 Pf. für Tag und Quadratmeter dürfen nach dem Ges. vom 26. April 1872 in Verbindung mit § 130 des Zust. Ges. vom 1. August 1883 für den Gebrauch öffentlicher Plätze und Straßen zum Feilbieten von Waaren auf Messen und Märkten nur unter Zustimmung der Gemeinde und mit Genehmigung des Bezirksausschusses eingeführt und erhöht werden. Die bestehenden Marktstandsgelder, welche in den alten Provinzen durch die Verordnung vom 4. Oktober 1847 — G.=S. 1847, S. 395 — geregelt waren, sind zwar in ihrer früheren Höhe erhalten geblieben, können jedoch ebenso wie die neuen nach Anhörung der Gemeinde von dem Bezirksausschusse ermäßigt und anderweitig reguliert werden. Hebungsberechtigt ist die Gemeinde, somit ihr das Eigentum an den zum Markte benutzten Straßen und Plätzen zusteht.

Wegen der Schlachthäuser vgl. N. zu § 8. An die Stelle des in § 5 des Schlachthausgesetzes enthaltenen Beitragsmaximums tritt das in Abs. 2 dieses § festgesetzte. Unberührt geblieben ist die Bestimmung, daß der Gebührentarif durch Gemeindebeschluß auf mindestens einjährige Dauer festzusetzen und zur öffentlichen Kenntnis zu bringen ist.

Die Gebühren für die Untersuchung durften bisher die Untersuchungskosten nicht überschreiten.

§ 12.

In Badeorten, klimatischen und sonstigen Kurorten können die Gemeinden für die Herstellung und Unterhaltung ihrer zu Kurzwecken getroffenen Veranstaltungen Vergütungen (Kurtaxen) erheben.

Wie schon aus der Stellung dieses § hervorgeht, ist die Kurtaxe nicht Steuer, sondern eine Gegenleistung für besondere Veranstaltungen im Interesse der Kurgäste. Die Heranziehung der Fremden überhaupt zu der Kurtaxe, soweit ihr Aufenthalt drei Monate nicht übersteigt, würde schon nach § 8 des Freizügigkeitsgesetzes vom 1. November 1867 unzulässig sein. Der Kurtaxe können daher nur diejenigen Fremden unterworfen werden, welche die besonderen Kuranstalten benutzen. Der Aufenthalt auf öffentlichen Anlagen und Plätzen gehört hierzu niemals. Dagegen dürfte die Entsch. des O.=V.=G. vom 3. Februar 1886, Bd. 13, S. 230, welche den Kurtaxen die Eigenschaft von Gemeindeabgaben abspricht, jetzt gegenüber der gesetzlichen Bestimmung hinfällig sein.

Dritter Titel.

Gemeindesteuern.

Erster Abschnitt.

Indirekte Gemeindesteuern.

§ 13.

Die Gemeinden sind zur Erhebung indirekter Steuern innerhalb der durch die Reichsgesetze gezogenen Grenzen befugt.

Den Gemeinden sind Vereinbarungen mit den Beteiligten gestattet, wonach der Jahresbetrag der zu entrichtenden indirekten Steuern für mehrere Jahre im Voraus fest bestimmt wird. Die Vereinbarungen bedürfen der Genehmigung.

Reichsrechtlich sind die Gemeinden bei Einführung indirekter Gemeindesteuern beschränkt durch Art. 5 II, § 7 des Zollvereinsvertrages vom 8. Juli 1867 — B. G.-Bl. 1867, S. 55 —, der gegenwärtig nach Art. 40 der Reichsverfassung den Charakter eines Reichsgesetzes hat. Die indirekte Kommunalbesteuerung, mag sie in Zuschlägen zu den indirekten Staats-, bezw. Reichssteuern oder in selbstständigen Abgaben bestehen, ist danach nur zulässig in Bezug auf die zur örtlichen Konsumtion bestimmten Gegenstände unter der Voraussetzung, daß Produkte aus allen Vereinsstaaten gleich behandelt werden. Unbedingt zulässig ist die Erhebung einer örtlichen Konsumtionsabgabe von Bier, Essig, Malz, Obstwein, den einer Schlacht- und Mahlsteuer unterliegenden Erzeugnissen, Brennmaterialien, Marktviktualien und Fourage, von Wein nur in den eigentlichen Weinländern, ausnahmsweise von Branntwein da, wo eine solche Abgabe besteht, oder ihre Erhebung nach der geltenden Gesetzgebung nicht versagt werden darf. Soweit hiernach den Kommunen die Besteuerung von Branntwein, Wein und Bier zusteht, sind sie an Maximalgrenzen gebunden, indem die Steuer vom Branntwein mit der Staatssteuer zusammen zehn Thaler für die Ohm, von Wein und Bier 20 pCt. der Maximalsätze der Staatssteuer nicht übersteigen darf. Vgl. v. Stengel, Inwieweit sind die Gemeinden hinsichtlich der Einführung indirekter Gemeindesteuern durch die Vorschriften des Art. 5 II, § 7 des Z. V.-V. vom 8. Juli 1867 beschränkt? in der Wochenschrift „Selbstverwaltung", Jahrgang 1885, S. 153 ff.; Laband, Staatsrecht des deutschen Reiches, Bd. 2 (2. Aufl.) S. 907.

§ 14.

Steuern auf den Verbrauch von Fleisch, Getreide, Mehl, Backwerk, Kartoffeln und Brennstoffen aller Art dürfen nicht neu eingeführt oder in ihren Sätzen erhöht werden. Die Einführung einer Wildpret- und Geflügelsteuer ist jedoch auch in den früher nicht mahl- und schlachtsteuerpflichtigen Gemeinden zulässig. Die Steuersätze können abweichend von den Vorschriften des Erlasses vom 24. April 1848 (Gesetz-Samml. S. 131) bemessen werden.

Wegen Forterhebung der Schlachtsteuer bewendet es bei den Bestimmungen des Gesetzes vom 25. Mai 1873 (Gesetz-Samml. S. 222).

Durch den ersten Satz wird das Recht der Gemeinden zur indirekten Besteuerung in Bezug auf notwendige Lebensmittel noch über die Bestimmungen des Reichsrechtes hinaus beschränkt. Die zur Zeit bestehenden indirekten Steuern bleiben jedoch auch dann aufrecht erhalten, wenn sie sich auf notwendige Lebensmittel beziehen. Insbesondere fällt hierbei ins Gewicht die Besteuerung des Fleisches. Nach dem Gesetze vom 30. Mai 1820 war die staatliche Schlachtsteuer für die Schlachtung von Rindvieh, Schafen, Ziegen und Schweinen mit Einschluß der Kälber, Lämmer und Ferkel zu entrichten und sollte vom Centner Fleisch 1 Thaler betragen. Bei der Einfuhr von Fleisch- und Fettwaaren wurde in den Städten $1^1/_3$ des Satzes von dem in den Städten ausgeschlachteten Fleische erhoben. Zu dieser staatlichen Schlachtsteuer waren auch kommunale Zuschläge zulässig. Als nun in den damals noch mahl- und schlachtsteuerpflichtigen Städten durch Gesetz vom 25. Mai 1873 die bisherige staatliche Schlachtsteuer aufgehoben wurde, erging gleichzeitig die Bestimmung, daß die Schlachtsteuer in den betreffenden Städten vom 1. Januar 1874 ab als Gemeindesteuer forterhoben werden dürfe, wenn die Lage des städtischen Haushaltes es erfordern, und die örtlichen Verhältnisse dazu geeignet befunden würden.

Das Wildpret unterlag der staatlichen Schlachtsteuer überhaupt nicht. Doch war nach den Kabinetsordres vom 8. März 1847 und 24. April 1848 eine kommunale Wildbretbesteuerung in den mahl- und schlachtsteuerpflichtigen Städten zulässig. Diese Wildpretsteuer wird nunmehr als eine Art Luxussteuer den sonstigen Beschränkungen der Fleischbesteuerung nicht unterworfen. Sie kann daher auch in anderen Städten und zu höheren Sätzen als bisher erhoben werden. Vgl. v. Mayr, Art. Mahl- und Schlachtsteuer in v. Stengels Wörterbuche Bd. 2, S. 64 ff.; v. Heckel, Art. Schlacht- und Mahlsteuer im Handwörterbuche der Staatswissenschaften Bd. 5, S. 571 ff.

§ 15.

Die Besteuerung von Lustbarkeiten, einschließlich musikalischer und deklamatorischer Vorträge, sowie von Schaustellungen umherziehender Künstler, ist den Gemeinden gestattet.

Das Besteuerungsrecht ist den Gemeinden ohne jede Beschränkung, ob die Lustbarkeiten öffentliche oder private sind, ein höheres Kunstinteresse verfolgen oder nicht, eingeräumt. Hiernach wird es den Gemeinden ermöglicht, die namentlich bei Vereinsfestlichkeiten schwierige Frage, ob die Lustbarkeit eine öffentliche ist, einfach zu umgehen. Die Judikatur des O.-V.-G. über den Begriff der öffentlichen Lustbarkeit — vgl. namentlich Entsch. vom 24. September 1888, Bd. 18, S. 422, und vom 9. März 1892, Bd. 22, S. 409 — wird daher in Zukunft nur noch insofern von Bedeutung sein, als die Gemeinden die Besteuerung auf öffentliche Lustbarkeiten beschränken. Die Einmischung in reine Privatgesellschaften durch die Besteuerung werden die Gemeinden bei einigem richtigen Takte leicht vermeiden können.

Wegen der Beschränkung in der Erhebung von Gebühren neben der Besteuerung der Lustbarkeiten, vgl. § 6 Abs. 1.

§ 16.

Die Gemeinden sind befugt, das Halten von Hunden zu besteuern (§ 93). Die in dieser Beziehung zur Zeit bestehenden gesetzlichen Vorschriften werden aufgehoben.

Die bisherigen gesetzlichen Bestimmungen über die Hundesteuer waren enthalten in der Kabinetsordre vom 29. April 1829 — v. Kamptz, Ann. Bd. 13, S. 354 — und in dem Gesetze vom 1. März 1891 — G.-S. 1891, S. 33 —, die jedoch beide nur in den alten Provinzen gelten. Mit ihrer Aufhebung ist das Besteuerungsrecht der Gemeinden nicht mehr an die bisher bestehenden Maximalgrenzen gebunden.

Die Kreisbesteuerung der Hunde — vgl. § 93 — ist von der der Gemeinden vollständig nnabhängig.

§ 17.

Die bestehenden Vorschriften über die Verwendung des Aufkommens indirekter Steuern für bestimmte Zwecke (Kosten der Armenpflege u. s. w.) werden aufgehoben.

Hierher gehört die bisher vorgeschriebene Verwendung der Wildpretsteuer — vgl. § 14 — für die Armenpflege und der Hundesteuer der Militärpersonen für militärische Wohlthätigkeitszwecke. In letzterer Beziehung erhalten die Gemeinden eine neue Einnahme im Gesamtbetrage von jährlich 17 000 Mk.

§ 18.

Die Einführung neuer und die Veränderung bestehender indirekter Gemeindesteuern kann nur durch Steuerordnungen erfolgen.

Die Steuerordnungen bedürfen der Genehmigung.

Die Steuerordnung hat sich selbstverständlich innerhalb der durch §§ 13, 14 gezogenen gesetzlichen Schranken zu halten.

Wegen der für die Genehmigung zuständigen Behörde vgl. § 77.

§ 19.

Wegen der Befreiung der Militärspeiseeinrichtungen und ähnlicher Militäranstalten von den Verbrauchssteuern bewendet es bei den bestehenden Bestimmungen.

Die Befreiung der betr. Militäranstalten von den Verbrauchssteuern beruht in den alten Provinzen auf den Kabinetordres vom 12. August 1824 und 13. Februar 1836 — v. Kamptz Ann. Bd. 8, S. 1200, Bd. 20, S. 151, welche durch die verschiedenen Gemeindeordnungen aufrecht erhalten sind, in den neuen Provinzen auf § 11 der Verordnung vom 23. September 1867 — G. S. 1867, S. 1648 —. Die Verordnung vom 22. Dezember 1868 — B. G. Bl. 1868, S. 571 — dehnte die Befreiung auf das ganze Landesgebiet aus, so daß sie gegenwärtig reichsrechtlicher Natur ist und durch das Landesrecht gar nicht abgeändert werden konnte.

Zweiter Abschnitt.

Direkte Gemeindesteuern.

I. Allgemeine Bestimmungen.

§ 20.

Die direkten Gemeindesteuern sind auf alle der Besteuerung unterworfenen Pflichtigen nach festen und gleichmäßigen Grundsätzen zu verteilen.

Handelt es sich um Veranstaltungen, welche in besonders hervorragendem oder geringem Maße einem Teile des Gemeindebezirks oder einer Klasse von Gemeindeangehörigen zu statten kommen, und werden Beiträge nach §§ 9 und 10 nicht erhoben, so kann die Gemeinde eine entsprechende Mehr- oder Minderbelastung dieses Teiles des Gemeindebezirks oder dieser Klasse von Gemeindeangehörigen beschließen. Bei der Abmessung der Mehr- oder Minderbelastung ist namentlich der zur Herstellung und Unterhaltung der Veranstaltungen erforderliche Bedarf nach Abzug des etwaigen Ertrages in Betracht zu ziehen. Der Beschluß bedarf der Genehmigung.

Die für die Beiträge geltenden Grundsätze werden durch Abs. 2 auf die Steuern übertragen. Die Erhebung von Steuern statt der Beiträge mit Bezug auf besondere Veranstaltungen wird dann angemessen sein, wenn letztere zwar in hervorragendem Maße einigen Bezirken oder Klassen, welche deßhalb höher besteuert werden, daneben aber der Gesamtheit der Gemeindeangehörigen zu Gute kommen.

§ 21.

Die auf besonderem Rechtstitel beruhenden Befreiungen einzelner Grundstücke von Gemeindesteuern bleiben in ihrem bisherigen Umfange fortbestehen. Die Gemeinden sind jedoch berechtigt, diese Befreiungen durch Zahlung des zwanzigfachen Jahreswertes derselben nach dem Durchschnitt der letzten drei Jahre vor dem 1. April desjenigen Rechnungsjahres, in welchem die Ablösung beschlossen wird, abzulösen. Steht ein anderer Entschädigungsmaßstab fest, so hat es hierbei sein Bewenden.

Unter dem besonderen Rechtstitel sind in erster Linie nicht Spezialrechtsnormen zu verstehen, welche allgemein gewisse Kategorien von Grundstücken für steuerfrei erklären, sondern, entsprechend dem im A.-L.-R. II, 14 §§ 4 ff. getroffenen Bestimmungen bezüglich der Staatssteuern, nur Rechtstitel, welche einzelnen physischen oder juristischen Personen Befreiungen von den Abgaben derjenigen Klasse, zu welcher sie gehören, gewähren. Solche Rechtstitel sind Verträge, ausdrückliche Privilegien und Verjährung. Die letztere vollzieht sich innerhalb dreißig Jahren durch den Erwerb eines Untersagungsrechtes seitens des Abgabepflichtigen gegenüber der Gemeinde. Vgl. darüber Entsch. des O.-V.-G. vom 27. Mai 1891 — Bd. 21, S. 163 —. Dabei wird jedoch zu beachten sein, daß die neueren Gemeindeordnungen meist ausdrücklich den Grundsatz der Gleichheit aller Gemeindeangehörigen in steuerrechtlicher Beziehung aussprechen und damit ein Verbotsgesetz für den künftigen Erwerb der Steuerfreiheit aufstellen. Soweit dies der Fall ist, wird dem besonderen Rechtstitel nur insoweit Anerkennung als Grund der Steuerfreiheit gewährt werden können, als er bereits vor dem Inkrafttreten des Verbotsgesetzes vollständig zur Entstehung gelangt ist. Auch nach Inkrafttreten dieses Gesetzes kann infolge des § 20 Abs. 1 ausgesprochenen Grundsatzes ein neuer besonderer Rechtstitel auf Steuerbefreiung nicht entstehen.

Nach § 40 Abs. 3 werden aber auch die auf Spezialrechtsnorm beruhenden Steuerbefreiungen der Standesherren unter die auf besonderem Rechtstitel beruhenden Befreiungen zu zählen sein.

§ 22.

Vorschriften, welche eine Befreiung von Gewerbesteuer in sich schließen, finden auf Gewerbe, welche nach Verkündigung dieses Gesetzes in Betrieb gesetzt werden, keine Anwendung.

Die Gemeinden sind berechtigt, die bestehenden Befreiungen durch Zahlung des $13^1/_3$ fachen Jahreswertes derselben nach dem Durchschnitt der letzten drei Jahre vor dem 1. April desjenigen Rechnungsjahres, in welchem die Ablösung beschlossen wird, abzulösen. Steht ein anderer Entschädigungsmaßstab fest, so hat es hierbei sein Bewenden.

Unter den Vorschriften sind nicht gesetzliche Vorschriften überhaupt zu verstehen, z. B. hat man nicht daran gedacht, die in dem Gewerbesteuergesetze vom 24. Juni 1891 enthaltenen Steuerbefreiungen auf diesem Wege wieder außer Kraft zu setzen. Es kann sich auch hier nur um Befreiung auf Grund besonderer Rechtstitel im Sinne des § 21 handeln. Wegen der Standesherrn vergl. die letzte Note zu § 21, sowie § 40 Abs. 3.

§ 23.

Die direkten Gemeindesteuern können vom Grundbesitz und Gewerbebetrieb (Realsteuern), sowie vom Einkommen der Steuerpflichtigen (Einkommensteuer) erhoben werden.

Die Einkommensteuer kann zum Teil durch Aufwandssteuern ersetzt werden. Aufwandssteuern dürfen grundsätzlich die geringeren Einkommen nicht verhältnismäßig höher, als die größern belasten.

Miets- und Wohnungssteuern dürfen nicht neu eingeführt werden.

Die bestehenden Miets- und Wohnungssteuern sind auf ihre Übereinstimmung mit den vorstehenden Besteuerungsgrundsätzen und den sonstigen Bestimmungen dieses Gesetzes zu prüfen. Sie bedürfen erneuter, an die Zustimmung der Minister des Innern und der Finanzen gebundener Genehmigung und treten außer Kraft, wenn die Genehmigung nicht bis zum 1. April 1898 erfolgt ist.

Die Einführung neuer und die Veränderung bestehender direkter Gemeindesteuern, welche nicht in Prozenten der vom Staate veranlagten Steuern erhoben werden, kann nur durch Steuerordnungen erfolgen.

Die Steuerordnungen bedürfen der Genehmigung.

Der § verbindet sehr verschiedenartige Bestimmungen mit einander, Abs. 1 zählt die zulässigen direkten Gemeindesteuern überhaupt auf, Abs. 2 bis 4 beschäftigen sich dann nur noch mit einer derselben, der Gemeindeeinkommensteuer und ihren Surrogaten durch Aufwandsteuern, Abs. 5 und 6 beziehen sich dann wieder auf die direkten Gemeindesteuern überhaupt.

Der Regierungsentwurf ließ als Ersatz der Einkommensteuer Aufwandssteuern, d. h. Steuern, welche das Einkommen nicht unmittelbar, sondern nach seinem Aufwande für bestimmte Bedürfnisse treffen, allgemein zu. Erst das Abgeordnetenhaus fügte die Beschränkung hinsichtlich der Miets- und Wohnungssteuern ein. Hinsichtlich anderer Aufwandssteuern sind dagegen die Gemeinden nur insofern beschränkt, als sie die geringeren Einkommen nicht verhältnismäßig mehr als die größeren heranziehen dürfen. Dabei ist jedoch hervorzuheben, daß die sog. Luxussteuern nicht hierunter fallen, sondern zu den indirekten Abgaben gehören.

Da Miets- und Wohnungssteuern nicht neu eingeführt werden dürfen, müssen sie für ihre Erhebung eine ältere gesetzliche Grundlage haben. Dieselbe ist enthalten für Berlin in der Verordnung vom 26. Januar 1816 — G.-S. 1816, S. 6 — Nr. IV.

Einer allgemeinen reichsgesetzlichen Beschränkung ist die Erhebung der Mietssteuer insofern unterworfen, als nach dem Gesetze vom 31. Mai 1881 — R.-G.-Bl. 1881, S. 99 — bei Dienstwohnungen der Reichsbeamten der Mietswert nicht höher als mit 15 Prozent des baren Gehaltes dieser Beamten bemessen werden darf.

Die erneute Genehmigung ist auch dann erforderlich, wenn die Miets- und Wohnungssteuern bereits mit den Grundsätzen dieses Gesetzes übereinstimmen. Erfolgt die Genehmigung nicht bis zum 1. April 1898, so hat dies nicht nur die Wirkung, daß die bestehende Miets- und Wohnungssteuer außer Kraft tritt, sondern auch, daß nach Abs. 3 eine neue nicht wieder eingeführt werden kann.

Die Rechtsgrundlage für die Erhebung der direkten Steuern ist eine verschiedene. Für die vom Staate veranlagten Steuern, Einkommen-, Grund-, Gebäude- und Gewerbesteuer, ist es das Steuergesetz selbst, während der Gemeindebeschluß nur den zu erhebenden Prozentsatz zu bestimmen hat. Für die besonderen direkten Gemeindesteuern besteht dagegen eine erschöpfende gesetzliche Regelung nicht, sondern nur eine allgemeine gesetzliche Ermächtigung der Gemeinden für ihre Erhebung. Sie bedürfen daher noch einer besonderen Normirung durch die Steuerordnungen, welche das kommunale Spezialsteuerrecht für jede einzelne kommunale Abgabe enthalten.

Wegen der für die Ertheilung der Genehmigung der Steuerordnungen zuständigen Behörden vgl. § 77.

II. Besondere Bestimmungen.

1. Realsteuern.

a) Vom Grundbesitz.

§ 24.

Den Steuern vom Grundbesitz sind die in der Gemeinde belegenen bebauten und unbebauten Grundstücke unterworfen mit Ausnahme

a) der Königlichen Schlösser einschließlich der zugehörigen Nebengebäude, Hofräume und Gärten;

b) der einem fremden Staate gehörigen Grundstücke, auf denen Botschafts- oder Gesandtschaftsgebäude errichtet sind, einschließlich der auf ihnen errichteten Gebäude, sofern von dem fremden Staate Gegenseitigkeit gewährt wird;

c) der dem Staate, den Provinzen, den Kreisen, den Gemeinden oder sonstigen kommunalen Verbänden gehörigen Grundstücke und Gebäude, sofern sie zu einem öffentlichen Dienste oder Gebrauche bestimmt sind;

d) der Brücken, Kunststraßen, Schienenwege der Eisenbahnen, sowie der schiffbaren Kanäle, welche mit Genehmigung des Staates zum öffentlichen Gebrauche angelegt sind;

e) der Deichanlagen der Deichverbände und der im öffentlichen Interesse staatlich unter Schau gestellten Privatdeiche, sowie der im öffentlichen Interesse unterhaltenen Anlagen der Ent- und Bewässerungsverbände;

f) der Universitäts- und anderen zum öffentlichen Unterrichte bestimmten Gebäude;

g) der Kirchen, Kapellen und andern, dem öffentlichen Gottesdienste gewidmetem Gebäude, sowie der gottesdienstlichen Gebäude der mit Korporationsrechten versehenen Religionsgesellschaften;

h) der Armen-, Waisen- und öffentlichen Krankenhäuser, der Gefängnis-, Besserungs-, Bewahr- und derjenigen Wohlthätigkeitsanstalten, welche die Bewahrung vor Schutzlosigkeit oder sittlicher Gefahr bezwecken (Mägdehäuser und dergl.), sowie der Gebäude, welche milden Stiftungen angehören und für deren Zwecke unmittelbar benutzt werden; durch Gemeindebeschluß können auch anderweitige Gebäude solcher milden Stiftungen, welche nicht blos zu Gunsten bestimmter Personen und Familien bestehen, freigelassen werden;

i) der Grundstücke der unter f, g, h aufgeführten Anstalten und Körperschaften, soweit die Grundstücke für deren Zwecke unmittelbar benutzt werden;

k) der Dienstgrundstücke und Dienstwohnungen der Geistlichen, Kirchendiener und Volksschullehrer, soweit ihnen bisher Steuerfreiheit zugestanden hat.

Alle sonstigen, nicht auf einem besonderen Rechtstitel beruhenden Befreiungen (§ 21), insbesondere auch diejenigen der Dienstgrundstücke und Dienstwohnungen der Beamten, sind aufgehoben.

Ist ein Grundstück oder Gebäude nur teilweise zu einem

öffentlichen Dienste oder Gebrauche bestimmt, so bezieht sich die Befreiung nur auf diesen Teil.

Die Bestimmungen der Kabinetsordre vom 8. Juni 1834 (Gesetz-Samml. S. 87) bleiben in Geltung und werden auf diejenigen Gemeinden ausgedehnt, in welchen dieselben noch nicht in Geltung sind.

Die Befreiungen beziehen sich sowohl auf den Fall, daß die Abgaben in Prozentsätzen der vom Staate veranlagten Grund- und Gebäudesteuer als auf den, daß sie in der Form besonderer kommunaler Grundsteuern erhoben werden. Im allgemeinen schließen sich die Befreiungen an die Vorschriften des § 17 der Kreisordnung an. Einer besonderen Erwähnung des Reichsfiskus bedurfte es nicht, da nach dem Reichsgesetze vom 25. Mai 1873 über die Rechtsverhältnisse der zum dienstlichen Gebrauche einer Reichsverwaltung bestimmten Gegenstände — R. G.-Bl. 1873, S. 113 — die Liegenschaften des Reiches in steuerlicher Beziehung denen des Einzelstaates gleichgestellt sind.

Die Kabinetsordre vom 8. Juni 1834 bestimmt, daß bei neuen Erwerbungen zu öffentlichen und gemeinnützigen Zwecken die Realverpflichtungen, welche vermöge des Kommunalverbandes vor der Erwerbung geleistet worden sind, fernerweit geleistet werden sollen.

§ 25.

Den Gemeinden ist die Einführung besonderer Steuern vom Grundbesitz gestattet.

Die Umlegung kann insbesondere erfolgen nach dem Reinertrage bezw. Nutzungswerte eines oder mehrerer Jahre, nach dem Pacht- bezw. Mietswerte oder dem gemeinen Werte der Grundstücke und Gebäude, nach den in der Gemeinde stattfindenden Abstufungen des Grundbesitzers oder nach einer Verbindung mehrerer dieser Maßstäbe.

Die Einführung besonderer Grundsteuern ist als die im Interesse der Gemeinden wünschenswerte Regel zu betrachten. Es wird dadurch namentlich die Möglichkeit geboten, gegenüber der längeren Festlegung der staatlich veranlagten Grund- und Gebäudesteuer ein beweglicheres, den wechselnden wirtschaftlichen Verhältnissen sich anpassendes Grundsteuersystem anzunehmen. In Abs. 2 werden beispielsweise, um eine Anleitung zu geben, einige Maßstäbe aufgeführt, nach denen die Erhebung besonderer Grundsteuern erfolgen kann, ohne daß jedoch diese Aufführung eine erschöpfende, und andere Maßstäbe unzulässig wären. Zur weiteren Anleitung der Gemeinden sollen vom Ministerium Musterregulative ausgearbeitet werden, denen jedoch selbstverständlich eine für die Gemeinden rechtsverbindliche Kraft erst recht nicht beiwohnt.

§ 26.

Sind besondere Steuern vom Grundbesitz nicht eingeführt, so erfolgt die Besteuerung in Prozenten der vom Staate veranlagten Grund- und Gebäudesteuern.

Die auf Grund der Einlegung von Rechtsmitteln erfolgte Erhöhung oder Ermäßigung der veranlagten Steuer zieht die entsprechende Abänderung der Veranlagung zur Gemeindesteuer nach sich.

Die Veranlagung hat sich auf sämtliche Grundstücke und Gebäude zu erstrecken, welche der Gemeindebesteuerung unterliegen (§§ 3, 4 des Gesetzes wegen Aufhebung direkter Staatssteuern).

Die Besteuerung neuerbauter oder vom Grunde aus wieder aufgebauter Gebäude sowie die Steuererhöhung infolge von Verbesserungen der Gebäude beginnt mit dem Ablaufe des Rechnungsjahres, in welchem die Bewohnbarkeit oder Nutzbarkeit eingetreten oder die Verbesserung vollendet ist.

Die vom Staate nach Maßgabe der Gesetze über die Grund- und Gebäudesteuer veranlagte, aber nicht mehr erhobene Grund- und Gebäudesteuer bildet nach den von den kommunalen Organen zu beschließenden Prozentsätzen die subsidiäre kommunale Grundsteuer, sofern besondere Grundsteuern gemäß § 25 nicht eingeführt sind. Das materielle Steuerrecht bleibt hier ein durchaus staatliches und entzieht sich der autonomen Regelung durch die Steuerordnungen der Gemeinden.

Da die Veranlagung durch die Staatsorgane jetzt im Interesse der Gemeinden erfolgt, so sind alle Immobilien zu veranlagen, welche kommunalsteuerpflichtig sind, auch wenn sie nicht staatssteuerpflichtig gewesen sein würden, und deßhalb zu einer Veranlagung durch die staatlichen Organe keine Veranlassung vorgelegen hätte.

In Abs. 4 wird die Bestimmung des § 19 des Gebäudesteuergesetzes vom 21. Mai 1861 abgeändert, wonach neu erbaute oder von Grund aus wieder aufgebaute Gebäude erst nach Ablauf zweier Kalenderjahre seit dem Kalenderjahre, in welchem sie bewohnbar oder nutzbar geworden sind, zur Gebäudesteuer herangezogen werden dürfen.

§ 27.

Die Steuern vom Grundbesitz sind nach gleichen Normen und Sätzen zu verteilen.

Liegenschaften, welche durch die Festsetzung von Baufluchtlinien in ihrem Werte erhöht worden sind (Bauplätze), können nach Maßgabe dieses höheren Wertes zu einer höheren Steuer als die übrigen Liegenschaften herangezogen werden. Diese Besteuerung muß durch Steuerordnung geregelt werden.

Der § bezieht sich sowohl auf die besonderen wie auf die vom Staate veranlagten Grundsteuern und stellt für beide das Prinzip der Gleichheit aller vor dem Gesetze auf. Dieses Prinzip erfährt jedoch für beide Steuerarten eine Durchbrechung durch Abs. 2. Derselbe überträgt den in § 4 ff. für die Gebühren und Beiträge aufgestellten Grundsatz, daß diejenigen, welche besondere Vorteile von der kommunalen Entwicklung genießen, dafür auch besondere Abgaben zu leisten haben, auf die Grundsteuern. Der Unterschied liegt hier nur darin, daß die Wertserhöhung der Grundstücke nicht durch besondere Anlagen der Gemeinden, für welche die Grundbesitzer durch Beiträge herangezogen werden könnten, sondern durch die Erweiterung der Gemeinde überhaupt herbeigeführt wird. Der Gemeinde wird hierdurch die Möglichkeit geboten, durch steuerpolitische Maßregeln der Bauspekulation entgegen zu treten. Vorbedingung ist nur, daß die Festsetzung von Baufluchtlinien nach dem Gesetze vom 2. Juli 1875 bereits erfolgt ist, und hierdurch die Werterhöhung der Liegenschaft veranlaßt wird.

Die Festsetzung der erhöhten Besteuerung muß selbst dann durch die

Steuerordnung erfolgen, wenn nicht eine besondere Grundsteuer, sondern die vom Staate veranlagte Grund- und Gebäudesteuer nach erhöhten Prozentsätzen von den Bauplätzen erhoben wird.

b) Vom Gewerbebetrieb.

§ 28.

Den Gewerbesteuern unterliegen in den Gemeinden, in denen der Betrieb stattfindet,

1. die nach dem Gewerbesteuergesetz vom 24. Juni 1891 (Gesetz-Samml. S. 205) zu veranlagenden stehenden Gewerbe;
2. die landwirtschaftlichen Branntweinbrennereien;
3. der Bergbau;
4. die gewerbsmäßige Gewinnung von Bernstein, Ausbeutung von Torfstichen, von Sand-, Kies-, Lehm-, Mergel-, Thon- und dergleichen Gruben, von Stein-, Schiefer-, Kalk-, Kreide- und dergleichen Brüchen;
5. die Gewerbebetriebe kommunaler und anderer öffentlicher Verbände;
6. die Gewerbebetriebe des Staates und der Reichsbank.

Diejenigen zu Nr. 2 bis 6 bezeichneten Betriebe, bei denen weder der jährliche Ertrag 1500 Mark, noch das Anlage- und Betriebskapital 3000 Mark erreicht, ingleichen die nach § 3 Nr. 4 des Gewerbesteuergesetzes vom 24. Juni 1891 steuerfreien Gewerbebetriebe der Kommunalverbände, bleiben von der Gewerbesteuer befreit. Auf die Betriebssteuer findet diese Bestimmung keine Anwendung.

Der Betrieb der Staatseisenbahnen und der der Eisenbahnabgabe unterliegenden Privateisenbahnen ist gewerbesteuerfrei.

Der Gewerbebetrieb im Umherziehen ist der Gewerbesteuer in den Gemeinden nicht unterworfen.

Die Bestimmung des Umfanges der Gewerbesteuerpflicht bezieht sich gleichfalls sowohl auf die besonderen wie auf die vom Staate für die Gemeinde veranlagte Gewerbesteuer. Die Nr. 2—6 des Abs. 1 mit der aus Abs. 2 sich ergebenden Beschränkung enthalten eine Erweiterung der Gewerbesteuerpflicht gegen die Gemeinden im Vergleiche mit der bisherigen gegen den Staat. Auf die Gewerbebetriebe des Reiches ist die Gewerbesteuer in demselben Maße anwendbar wie auf die des Staates, da der Reichsfiskus einheimischer Fiskus ist und deshalb derselben Kommunalbesteuerung unterliegt wie der Staatsfiskus. Vgl. Laband, Staatsrecht des deutschen Reiches (2. Aufl.) Bd. 2, S. 853 ff. Andrerer Ansicht sind die Motive, welche ausführen, daß das Reich nicht gewerbesteuerpflichtig sei, da es nicht unter der Finanzhoheit der Einzelstaaten stehe und seinerseits eine Besteuerung nicht für zulässig erklärt habe. Jedenfalls wird es sich für die Gemeinden empfehlen, den Reichsfiskus zu den Gewerbesteuern heranzuziehen und ihm die Einlegung von Rechtsmitteln zu überlassen.

§ 29.

Den Gemeinden ist die Einführung besonderer Gewerbesteuern gestattet.

Die Gewerbesteuern können namentlich bemessen werden nach dem Ertrage des letzten Jahres oder einer Reihe von Jahren, nach dem Werte des Anlagekapitals oder des Anlage- und Betriebskapitals, nach sonstigen Merkmalen für den Umfang des Betriebes oder nach einer Verbindung mehrerer dieser Maßstäbe.

Von diesen besonderen Gewerbesteuern gelten im wesentlichen die zu § 25 bezüglich der besonderen Grundsteuern gemachten Ausführungen. Auch die besonderen Gewerbesteuern sollen den im Interesse der Gemeinden regelmäßigen und wünschenswerten Zustand bilden, während die staatlich veranlagten nur eine subsidiäre Bedeutung haben. In Abs. 2 soll auch nur eine Anleitung für die Gemeindeorgane gegeben werden ohne daß dadurch andere Maßstäbe ausgeschlossen wären. So kann beispielsweise der im Regierungsentwurfe aufgenommene, aber vom Abgeordnetenhause gestrichene Maßstab „nach der Zahl der Arbeiter und Motoren“ gleichwohl durch eine kommunale Steuerordnung zu Grunde gelegt werden. Weiter wurde als möglicher Maßstab bei den parlamentarischen Beratungen erwähnt derjenige „nach den durch das Vorhandensein einer Betriebsstätte verursachten kommunalen Lasten“.

Die vom Ministerium auszuarbeitenden Musterregulative werden ebenfalls nur Anleitung für die Gemeinden, aber ohne rechtsverbindliche Kraft für dieselben sein.

§ 30.

Sind besondere Gewerbesteuern nicht eingeführt, so erfolgt die Besteuerung in Prozenten der vom Staate veranlagten Gewerbesteuer.

Die auf Grund der Einlegung von Rechtsmitteln erfolgte Erhöhung oder Ermäßigung der veranlagten Gewerbesteuer zieht die entsprechende Abänderung der Veranlagung zur Gemeindesteuer nach sich.

Die Veranlagung hat sich auf sämtliche Gewerbebetriebe einschließlich des Bergbaues zu erstrecken, welche der Gemeindebesteuerung unterliegen (§§ 3, 4 des Gesetzes wegen Aufhebung direkter Staatssteuern).

Vgl. die Bemerkungen zu Abs. 1—3 des § 26.

§ 31.

Eine verschiedene Abstufung der Gewerbesteuersätze und Prozente ist zulässig:

1. wenn die einzelnen Gewerbearten in verschiedenem Maße von den Veranstaltungen der Gemeinde Vorteil ziehen oder der Gemeinde Kosten verursachen, und soweit die Ausgleichung nicht nach §§ 4, 9, 10 oder 20 erfolgt;
2. wenn die gewerblichen Gebäude in stärkerem Verhältnis zur Gebäudesteuer herangezogen werden, als es auf Grundlage der staatlichen Gebäudesteuer der Fall sein würde, oder wenn die gewerblich benutzten Räume einer Mietssteuer unterliegen.

Die verschiedene Abstufung bedarf der Genehmigung.

Das formale Prinzip der Gleichheit aller vor dem Gesetze wird hier — ähnlich wie in § 27 Abs. 2 für die Grundsteuern — sowohl für die besonderen wie für die staatlich veranlagten Gewerbesteuern im Interesse einer höheren sozialen Gerechtigkeit durchbrochen. Dies geschieht in doppelter Beziehung. Nach Nr. 1 sollen die besonderen Vorteile, welche ein Gewerbetreibender von der Gemeinde genießt, durch erhöhte Gewerbesteuern ausgeglichen werden, soweit dies nicht bereits durch Gebühren, Beiträge oder anderweite Steuern geschieht. Nach Nr. 2 kann die durch andere Steuern bereits erfolgte Heranziehung des Gewerbtreibenden zu erhöhten Beiträgen durch entsprechend niedrigere Gewerbesteuersätze ausgeglichen werden.

§ 32.

Erstreckt sich ein Gewerbebetrieb über mehrere Gemeindebezirke, so hat für den Fall der Erhebung von Prozenten der veranlagten Gewerbesteuer der zuständige Steuerausschuß auch für die im § 28 Nr. 2—6 bezeichneten Betriebe die Zerlegung des Gesamtsteuersatzes in die auf die einzelnen Gemeinden entfallenden Teilbeträge zu bewirken (§ 38 des Gemeindesteuergesetzes vom 24. Juni 1891).

Werden besondere Gewerbesteuern umgelegt, so hat die Veranlagung nur nach Maßgabe des in der Gemeinde belegenen Teiles des Gewerbebetriebes zu erfolgen, bei besonderen Gewerbesteuern nach dem Ertrage unter sinngemäßer Anwendung der in den §§ 47, 48 dieses Gesetzes getroffenen Bestimmungen.

Die Vorschrift gegen die Doppelbesteuerung schließt sich im wesentlichen an das bisherige Recht an. Das Gewerbesteuergesetz hatte mit Rücksicht auf die kommunalen Zuschläge bereits die Zerlegung des Gesamtsteuersatzes eines über mehrere Gemeinden sich erstreckenden Betriebes auf die einzelnen Gemeinden vorgeschrieben. Wenn diese Anordnung jetzt auf die Fälle des § 28 Nr. 2—6 ausgedehnt wird, so ist dies nur die notwendige Folge der Erweiterung der Gewerbesteuerpflicht.

Bei der selbstständigen Veranlagung einer besonderen Gewerbesteuer durch die Gemeinde bedarf es dagegen einer solchen Verteilung nicht, sondern hier ist von Anfang an nur der in der Gemeinde belegene Teil des Gewerbebetriebes zu besteuern. Dafür, in welcher Weise dies zu geschehen hat, geben die in §§ 47, 48 zur Vermeidung einer doppelten Einkommenbesteuerung im Anschlusse an die Vorschriften des Kommunalsteuernotgesetzes vom 27. Juli 1885 erlassenen Bestimmungen eine Anleitung. Dieselbe erstreckt sich namentlich auch auf die Einschätzung des gewerblichen Einkommens. Es ist daher hier lediglich auf jene Bestimmungen zu verweisen.

2. Gemeindeeinkommensteuer.

a) Steuerpflicht.

§ 33.

Der Gemeindeeinkommensteuer sind unterworfen:

1. diejenigen Personen, welche in der Gemeinde einen Wohnsitz (§ 1 des Einkommensteuergesetzes vom 24. Juni 1891, Gesetz-Samml. S. 175) haben, hinsichtlich ihres gesamten, innerhalb und außerhalb des Preußischen Staatsgebietes gewonnenen Einkommens, insoweit dasselbe nicht von der Besteuerung freizulassen ist;
2. diejenigen Personen, welche in der Gemeinde, ohne in derselben einen Wohnsitz zu haben, Grundvermögen, Handels- oder gewerbliche Anlagen, einschließlich der Bergwerke, haben, Handel oder Gewerbe oder außerhalb einer Gewerkschaft Bergbau betreiben oder als Gesellschafter an dem Unternehmen einer Gesellschaft mit beschränkter Haftung beteiligt sind, hinsichtlich des ihnen aus diesen Quellen in der Gemeinde zufließenden Einkommens;
3. Aktiengesellschaften, Kommanditgesellschaften auf Aktien, Berggewerkschaften, eingetragene Genossenschaften, deren Geschäftsbetrieb über den Kreis ihrer Mitglieder hinausgeht (insbesondere Konsumvereine mit offenem Laden) und juristische Personen (insbesondere auch Gemeinden und weitere Kommunalverbände), welche in der Gemeinde Grundvermögen, Handels- oder gewerbliche Anlagen, einschließlich der Bergwerke, haben, Handel oder Gewerbe, einschließlich des Bergbaues, betreiben oder als Gesellschafter an dem Unternehmen einer Gesellschaft mit beschränkter Haftung beteiligt sind, hinsichtlich des ihnen aus diesen Quellen in der Gemeinde

zufließenden Einkommens. Hat eine Veranlagung zur Staatseinkommensteuer stattgefunden, so erfaßt die Gemeindeeinkommensteuer das hierbei veranlagte Einkommen, vorbehaltlich der Bestimmung im § 16, Absatz 3 a. a. O.;

4. der Staatsfiskus bezüglich seines Einkommens aus den von ihm betriebenen Eisenbahn-, Bergbau- und sonstigen gewerblichen Unternehmungen, sowie aus Domänen und Forsten.

Eisenbahnaktiengesellschaften, welche ihr Unternehmen dem Staate gegen eine unmittelbar an die Aktionäre zu zahlende Rente übertragen haben, sind als Besitzer von Eisenbahnen nicht zu erachten.

Jeder steuerpflichtige Grundstückskomplex und jede steuerpflichtige Unternehmung des Staatsfiskus gilt in Beziehung auf die Steuerpflicht als selbständige Person. Die gesamten Staats- und für Rechnung des Staates verwalteten Eisenbahnen sind als Eine steuerpflichtige Unternehmung anzusehen. Im übrigen setzt die zuständige obere Verwaltungsbehörde fest, was als selbständige Bergbau- oder sonstige gewerbliche Unternehmung des Staatsfiskus zu betrachten ist.

Neuanziehende können, auch wenn sie in der Gemeinde keinen Wohnsitz haben, gleich den übrigen Gemeindeeinwohnern zur Steuer herangezogen werden, sofern ihr Aufenthalt die Dauer von drei Monaten übersteigt.

Der Umfang der Gemeindeeinkommensteuerpflicht entspricht im wesentlichen dem bisherigen Rechte und zwar Nr. 1 den verschiedenen Gemeindeordnungen, Nr. 2—4 fast wörtlich dem Kommunalsteuergesetze vom 27. Juli 1885 § 1. Im einzelnen ist folgendes zu bemerken:

Zu Nr. 1. Der Wohnsitz innerhalb der Gemeinde begründet dieser gegenüber für den Einwohner die Steuerpflicht von seinem gesamten Einkommen, mag ihm dasselbe aus der Wohnsitzgemeinde selbst oder aus außerhalb derselben belegenem Grundbesitze oder Gewerbebetriebe zufließen. Nur insoweit ist das außerhalb der Wohnsitzgemeinde gewonnene Einkommen von dieser freizulassen, als dasselbe bereits in anderen preußischen

Gemeinden versteuert wird. Dagegen schließt die Kommunalbesteuerung durch außerpreußische Gemeinden die nochmalige Besteuerung des betreffenden Einkommenszweiges durch die Wohnsitzgemeinde nicht aus.

Zu Nr. 2. Das Einkommen der sog. Forensen, unter denen jetzt auch die Mitglieder einer Gesellschaft mit beschränkter Haftpflicht aufgeführt werden, unterliegt im Gegensatz zu Nr. 1 der Besteuerung nur insoweit, als es in der betreffenden Gemeinde aufkommt.

Zu Nr. 3. Die Gesellschaften und juristischen Personen werden nur in derselben Weise wie die Forensen, d. h. von dem innerhalb der Gemeinde ihnen zufließenden Einkommens besteuert.

Zu Nr. 4. Dem Staatsfiskus wird der Reichsfiskus in jeder Hinsicht gleichzustellen sein. Vgl. die Bemerkungen zu §§ 24, 28.

Die Heranziehung neu anziehender Personen, welche sich in der Gemeinde nicht länger als drei Monate aufhalten, zu der Gemeindeeinkommensteuer ist reichsrechtlich durch § 8 des Freizügigkeitsgesetzes vom 1. November 1867 ausgeschlossen. Übersteigt jedoch der Aufenthalt die Dauer von drei Monaten, so kann die Besteuerung nicht erst von diesem Zeitpunkte ab, sondern für die ganze Dauer des Aufenthaltes erfolgen. Vgl. Entsch. des O.-V.-G. vom 19. Januar 1879 — Bd. 3, S. 102 —. Die Gemeinden sind jedoch zu der Besteuerung der neu Anziehenden nach drei Monaten nur berechtigt, nicht verpflichtet.

§ 34.

Das Einkommen aus bebauten und unbebauten Grundstücken, welche ganz oder zum Teil nach § 24 der Steuer vom Grundbesitz nicht unterworfen sind, unterliegt insoweit auch nicht der Gemeindeeinkommensteuer.

Es ist an sich nur folgerichtig, daß Grundstücke, die im Rechtssinne keinen steuerpflichtigen Ertrag oder Nutzungswert haben und deßhalb von den Grundsteuern freizulassen sind, auch kein steuerpflichtiges Einkommen abwerfen und zur Gemeindeeinkommensteuer herangezogen werden können. Die Frage war jedoch praktisch zweifelhaft geworden. Vgl. die Entsch. des O.-V.-G. vom 26. Februar und 17. Mai 1892 — Bd. 22, S. 21 — bezüglich eines Gymnasiums, wo das O.-V.-G. die Einkommensteuerpflicht des Fiskus bejaht, und einer Kirche, wo es die der Kirchengemeinde verneint hatte. Zur Beseitigung dieser Schwankungen in der Praxis erwies sich die Aufnahme einer Bestimmung als notwendig, welche die Einkommensteuerpflicht gegenüber der Gemeinde insoweit ausschließt, als eine Grundsteuerpflicht nicht besteht.

§ 35.

Ein die Steuerpflicht begründender Betrieb von Handel und Gewerbe, einschließlich des Bergbaues, der im § 33, Nr. 2, 3 und 4 bezeichneten Personen und Erwerbsgesellschaften findet nur in denjenigen Gemeinden statt, in welchen sich der Sitz, eine Zweigniederlassung, eine Betriebs-, Werk- oder Verkaufsstätte oder eine solche Agentur des Unternehmens befindet, welche ermächtigt ist, Rechtsgeschäfte im Namen und für Rechnung des Inhabers, beziehungsweise der Gesellschaft, selbständig abzuschließen. Der Eisenbahnbetrieb unterliegt der Steuerpflicht in den Gemeinden, in welchen sich der Sitz der Verwaltung (bezw. einer Staatsbahn-Verwaltungsbehörde), eine Station oder eine für sich bestehende Betriebs- oder Werkstätte oder eine sonstige gewerbliche Anlage befindet.

Das Einkommen aus dem nicht mit eigenem Betriebe verbundenen Besitze von Handels- und gewerblichen Anlagen, einschließlich der Bergwerke, unterliegt der Besteuerung in denselben Gemeinden, in welchen das Einkommen aus dem Betriebe steuerpflichtig ist.

In fast wörtlichem Anschlusse an das bisherige Recht, § 2 des Kommunalsteuernotgesetzes vom 27. Juli 1885, werden die äußeren Kriterien angegeben, nach denen ein Betrieb innerhalb der Gemeinde als Begründung der Steuerpflicht anzunehmen ist. Es kommt hiernach nicht darauf an, daß ein Betrieb überhaupt in eine lokale Verbindung mit dem Gemeindebezirke tritt, z. B. eine Eisenbahn durch ihn hindurchgeht — vgl. Entsch. des O.-V.-G. vom 17. September 1887, Bd. 15, S. 194 —, sondern es muß innerhalb der Gemeinde eine, wenn auch untergeordnete Betriebsleitung vorhanden sein. Wann dies zutrifft, ist im wesentlichen eine thatsächliche Frage. Die Entsch. des O.-V.-G. darüber, daß in diesem oder jenem Falle das Vorhandensein einer Niederlassung oder Betriebsstätte anzunehmen sei, haben daher keine präjudicielle Bedeutung, sondern können nur als Erläuterung und Anleitung für ähnliche Fälle dienen.

Bestimmte man nun aber die Steuerpflicht nach dem Betriebe, so blieb eine Lücke für den Besitz derjenigen Handels- und gewerblichen Anlagen, welche nicht mit eigenem Betriebe verbunden sind. Diese Lücke auszufüllen, ist der Abs. 2 bestimmt. Das Einkommen aus solchem Besitze soll der Besteuerung in denselben Gemeinden unterliegen, in welchem das Einkommen aus dem Betriebe steuerpflichtig ist. Im wesentlichen handelt es sich hierbei um die Fälle, in denen der Eigentümer seinen Betrieb verpachtet. Stets müssen aber auch hier die übrigen Erfordernisse der Steuerpflicht vorhanden sein. Vgl. Entsch. des O.-V.-G. vom 18. Januar 1888 — Bd. 16, S. 196 —.

§ 36.

Gemeindesteuern vom Einkommen dürfen, unbeschadet der Vorschrift im § 23 Absatz 2 und der Bestimmungen über die Veranlagung von Teileinkommen (§§ 49—51) nur auf Grund der Veranlagung zur Staatseinkommensteuer und in der Regel nur in der Form von Zuschlägen erhoben werden. Diese Zuschläge müssen gleichmäßig sein. Zuschläge zur Ergänzungssteuer sind unzulässig.

Ist das gemeindesteuerpflichtige Einkommen ganz oder zum Teil zur Staatseinkommensteuer nicht veranlagt, so ist der dem Zuschlage zu Grunde zu legende Steuersatz, sofern sich aus den §§ 44—46 nicht ein anderes ergiebt, nach den für die Veranlagung der Staatseinkommensteuer geltenden Vorschriften zu ermitteln.

Die auf Grund der Einlegung von Rechtsmitteln, sowie die auf Grund der §§ 57, 58 des Einkommensteuergesetzes vom 24. Juni 1891 erfolgte Erhöhung oder Ermäßigung der veranlagten Staatseinkommensteuer zieht die entsprechende Abänderung des Gemeindezuschlags nach sich.

Die Ersetzung des Systems der Zuschläge zur staatlichen Einkommensteuer durch selbstständige Gemeindeeinkommensteuern ist hiernach unzulässig, sofern dieselben nicht Aufwandssteuern im Sinne des § 23 Abs. 2

sind. Die Ergänzungssteuer nimmt der Staat überhaupt ausschließlich für sich in Anspruch. Eine Schwierigkeit ergiebt sich bei der Zurückführung der Gemeindeeinkommensteuer auf Zuschläge zur Staatseinkommensteuer nur insoweit, als erstere zum Teil auch solche Einkommen ergreift, die nicht staatssteuerpflichtig sind. In diesem Falle müssen Einschätzungen zu einer fingierten Staatssteuer die Grundlage für die Gemeindesteuer bilden. Eine weitere Folge des Zuschlagssystemes bildet es dann endlich, daß Reklamationen gegen die Höhe der Einschätzung sich grundsätzlich nur gegen die staatlichen Prinzipalsätze richten können, eine Änderung der letzteren aber auch die des Gemeindezuschlages nach sich zieht.

Eines besonderen Steuerregulativs als Grundlage der Gemeindesteuerpflicht, welches bisher unumgänglich notwendig war — vgl. Entsch. des O.-V.-G. vom 20. November 1884, Bd. 11, S. 54 —, bedarf es in Zukunft nicht mehr, sondern nur eines Gemeindebeschlusses oder einer Steuerordnung. Vgl. über beide die vorletzte Anm. zu § 23.

§ 37.

Besondere Gemeindeeinkommensteuern sind nur aus besonderen Gründen gestattet und bedürfen der Genehmigung. Die bei der Veranlagung zur Staatseinkommensteuer erfolgte Feststellung des Einkommens und die Stufen des Steuertarifs der Staatseinkommensteuer dürfen nicht abgeändert werden. Veränderungen der Sätze des Steuertarifs sind nur mit der Maßgabe zulässig, daß der Prozentsatz der Besteuerung des Einkommens bei den unteren Stufen nicht höher sein darf als bei den oberen Stufen, und daß das im Tarif der Staatseinkommensteuer enthaltene Steigerungsverhältnis der Sätze nicht zu Ungunsten der oberen Stufen geändert werden darf.

Die Beibehaltung bestehender besonderer Gemeindeeinkommensteuern kann mit Zustimmung der Minister des Innern und der Finanzen ausnahmsweise und aus besonderen Gründen auch dann genehmigt werden, wenn sie den Vorschriften der Bestimmungen des Absatzes 1 nicht entsprechen.

Die Vorschriften des § 36 Absatz 2 und 3 finden auf die besonderen Gemeindeeinkommensteuern entsprechende Anwendung.

Das allgemeine Verbot selbstständiger Gemeindeeinkommensteuern, die nicht Aufwandssteuern sind, wird hier aus besonderen Gründen durchbrochen. Für diese selbstständigen Steuern fallen die Vorschriften des § 36 Abs. 2 und 3 um deswillen fort, weil dieselben nur Folgerungen aus dem Systeme der Zuschlagssteuern sind.

§ 38.

Steuerpflichtige mit einem Einkommen von nicht mehr als 900 Mark werden, sofern in den Steuerordnungen (§§ 23 Absatz 5, 37) nicht abweichende Bestimmungen getroffen sind, zu der Einkommensteuer nach Maßgabe folgender Steuersätze veranlagt:

1. bei einem Einkommen von nicht mehr als 420 Mark nach einem Steuersatze von $^2/_5$ vom Hundert des steuerpflichtigen Einkommens bis zum Höchstbetrage des Steuersatzes von 1,20 Mark;
2. bei einem Einkommen von mehr als 420 Mark bis einschließlich 660 Mk. nach einem Steuersatze von 2,40 Mk.;
3. bei einem Einkommen von mehr als 660 Mark nach einem Steuersatze von 4 Mark.

Steuerpflichtige mit einem Einkommen von nicht mehr als 900 Mark können durch Gemeindebeschluß, wenn die Deckung des Bedarfs der Gemeinde ohnehin gesichert ist, von der Beitragspflicht entbunden oder mit einem geringeren Prozentsatze herangezogen werden. Der Beschluß bedarf der Genehmigung. Ihre Freilassung muß erfolgen, sofern sie im Wege der öffentlichen Armenpflege fortlaufende Unterstützung erhalten.

Die Bestimmungen schließen sich fast wörtlich an § 74 des Einkommensteuergesetzes vom 24. Juni 1891 und § 13 der Landgemeindeordnung vom 3. Juli 1891 an. Es handelt sich hier um die Heranziehung derjenigen Einkommen zu den kommunalen Zuschlägen, welche wegen ihrer geringen Höhe zur Staatssteuer nicht herangezogen werden, aber für die Gemeindebesteuerung nicht entbehrlich erschienen. Hier findet eine Veranlagung zu den angeführten fingierten Staatssteuersätzen statt, und die Gemeinde erhebt hiernach die Zuschläge.

§ 39.

Die Gemeinde kann beschließen, Ausländer und Angehörige anderer Bundesstaaten, welche in der Gemeinde einen Wohnsitz, aber nicht des Erwerbes wegen, haben, auf die Dauer von höchstens drei Jahren, zu der Gemeindeeinkommensteuer nicht oder nur mit einem ermäßigten Prozentsatze heranzuziehen.

Der Beschluß bedarf der Genehmigung.

Die Bestimmung ist wesentlich im Interesse derjenigen Gemeinden getroffen, welche auf den Zuzug von Ortsfremden angewiesen sind. Der vorliegende § beschäftigt sich nur mit den nichtpreußischen Fremden, eine besondere Berücksichtigung ortsfremder Inländer ist aber nach § 33 letzter Absatz zulässig.

§ 40.

Von der Gemeindeeinkommensteuer sind befreit:

1. die Mitglieder des Königlichen Hauses und des Hohenzollernschen Fürstenhauses,
2. die bei dem Kaiser und Könige beglaubigten Vertreter fremder Mächte und die Bevollmächtigten anderer Bundesstaaten zum Bundesrathe, die ihnen zugewiesenen Beamten, sowie die in ihren und ihrer Beamten Diensten stehenden Personen, soweit sie Ausländer sind,
3. diejenigen Personen, denen sonst nach völkerrechtlichen Grundsätzen oder nach besonderen, mit anderen Staaten getroffenen Vereinbarungen ein Anspruch auf Befreiung zukommt.

Die Befreiungen zu Nr. 2 und 3 erstrecken sich nicht auf das in § 33 Nr. 2 bezeichnete Einkommen und bleiben ausgeschlossen, sofern in den betreffenden Staaten Gegenseitigkeit nicht gewährt wird.

Die bestehenden gesetzlichen Bestimmungen, gemäß welchen Standesherren und deren Familien von Gemeindelasten befreit sind, bleiben — unbeschadet der Vorschriften in den §§ 21, 22 des gegenwärtigen Gesetzes — unberührt.

Die Befreiungen unter Nr. 1—3 entsprechen denen von der staatlichen Einkommensteuer nach § 3 des Einkommensteuergesetzes vom 24. Juni 1891. Bezüglich der Standesherren bleiben die bisherigen Befreiungen bestehen, doch sind dieselben nach §§ 21, 22 ablösbar.

§ 41.

Die Heranziehung der unmittelbaren und mittelbaren Staatsbeamten, Beamten des Königlichen Hofes, der Geistlichen, Kirchendiener und Elementarschullehrer, sowie der Witwen und Waisen dieser Personen zu Einkommen- und Aufwandssteuern (§ 23) wird durch besonderes Gesetz geregelt. Bis zum Erlasse dieses Gesetzes kommen die Bestimmungen der Verordnung, betreffend die Heranziehung der Staatsdiener zu den Kommunalauflagen in den neu erworbenen Landesteilen, vom 23. September 1867 (Gesetz-Samml. S. 1648) mit der Maßgabe zur Anwendung, daß das notwendige Domizil außer Berücksichtigung bleibt.

Das bisherige Recht war für die alten Provinzen enthalten in dem Gesetze vom 11. Juli 1822 betreffend die Heranziehung der Staatsdiener zu den Gemeindelasten — G. S. 1822, S. 184 —, welches, ursprünglich nur für das Geltungsgebiet der Städteordnung von 1808 erlassen, in allen späteren Gemeindeordnungen der alten Provinzen in Bezug genommen und zuletzt durch Gesetz vom 22. Februar 1870 — G.-S. 1870, S. 133 — auch auf Neuvorpommern und Rügen ausgedehnt wurde. Von Hause aus nur bestimmt für die besoldeten unmittelbaren Staatsbeamten, wurde es durch die Kabinetsordre vom 14. Mai 1832 — G.-S. 1832, S. 145 — auch für die mittelbaren Staatsbeamten in Kraft gesetzt. Diese gesamte Gesetzgebung gelangte auch in der Stadt Frankfurt a. M. nach § 11 des Gemeindeverfassungsgesetzes vom 25. Mai 1867 zur Einführung. Für die übrigen Gebietsteile der neuen Provinzen erging eine Verordnung vom 23. September 1867 — G.-S. 1867, S. 1648 —, welche den in den verschiedenen Gesetzen der alten Provinzen enthaltenen Bestimmungen inhaltlich auf die neuen Landesteile ausdehnte. Da hier alle Vorschriften über die Kommunalbesteuerung der Beamten einheitlich zusammengefaßt sind, so soll künftig auch in den alten Provinzen die Verordnung vom 23. September 1867 zu Grunde gelegt werden. An dem bisjetzt bestehenden Rechtszustande wird damit aber im Wesentlichen nichts geändert. Die Kommunalbesteuerung der Beamten gestaltet sich daher gegenwärtig in folgender Weise.

Die Heranziehung der im Texte aufgeführten Personen zu den Einkommen- und Aufwandssteuern erfolgt nach denselben Grundsätzen, wie die aller übrigen Einwohner. Das Diensteinkommen ist aber nur zur Hälfte zu besteuern. Im äußersten Falle dürfen an direkten Beiträgen aller Art und zu sämtlichen Gemeindebedürfnissen bei Gehalten unter 250 Thlr. nicht mehr als ein Prozent, bei solchen von 250 bis 500 Thlr. ausschließlich nicht mehr als anderthalb Prozent und bei höheren Gehalten nicht mehr als zwei Prozent des gesamten Diensteinkommens gefordert werden. Zu den Gemeindebedürfnissen sind nicht zu rechnen die Staatssteuern und Staatslasten, welche gemeindeweise erhoben und abgetragen werden, wohl aber die als Gemeindelast zu betrachtende Einquartierungslast — vgl. Min. Reskr. vom 8. März 1871, M. Bl. d. inn. Verw. 1871, S. 110 —, sowie die Beiträge der Gemeinden zu provinziellen Institutionen und zur Abwicklung der Provinzial-, wie ihrer besonderen Kriegs- und anderen Schulden, Rückstände und Verpflichtungen. Nach diesen Grundsätzen haben die Gemeinden alle diejenigen Gemeindesteuerbeiträge zu zahlen, welche innerhalb der Zeit, in der sie der Gemeinde angehören, auf deren Mitglieder verteilt und zugleich fällig werden, wenn auch das Bedürfnis schon vor ihrem Eintritte entstanden ist. Mit dem Verlassen der Gemeinde werden sie dagegen von jeder ferneren Beitragsverbindlichkeit vollständig befreit. Von ihrem Privatvermögen haben die Beamten gleich allen anderen Gemeindeangehörigen zu steuern. Es ist aber hierbei daran festzuhalten, daß das dienstliche und das Privateinkommen doch nur einer einzigen Person zustehen. Beide sind daher nicht gesondert zu versteuern, sondern es wird die Hälfte des Diensteinkommens und das Privateinkommen zusammengezählt, und von dieser Gesamtsumme die Steuer erhoben. — Vgl. Entsch. des O.-V.-G. vom 5. Februar 1885, Bd. 11, S. 71 —.

Von jeder direkten Gemeindebesteuerung bleiben befreit:

1. Die aus Staatsfonds oder sonstigen öffentlichen Kassen zahlbaren Pensionen der Witwen- und Erziehungsgelder für Waisen ehemaliger Staatsbeamten;

2. Pensionen- und Wartegelder der Staatsbeamten selbst, sofern deren jährlicher Betrag die Summe von 250 Thlr. nicht erreicht;
3. die Sterbe- und Gnadenmonate;
4. alle diejenigen Dienstemolumente, welche bloß als Ersatz barer Auslagen zu betrachten sind;
5. das Diensteinkommen der Geistlichen und Elementarschullehrer, wobei es hinsichtlich der letzteren nicht auf die Qualifikation, sondern den Charakter der Schule ankommt, an der sie angestellt sind.

Wegen der besonderen Besteuerung der Militärpersonen vgl. den folgenden §.

Das notwendige Domizil, wonach der Beamte hinsichtlich der Besteuerung nicht an seinem thatsächlichen Wohnorte, sondern an dem Orte seiner amtlichen Thätigkeit als wohnhaft betrachtet wurde, war schon durch das Kommunalsteuernotgesetz vom 27. Juli 1885 für die kommunale Besteuerung abgeschafft worden. Dieser Zustand wird einfach aufrecht erhalten. Der Beamte, welcher nicht in dem Orte seiner amtlichen Thätigkeit wohnt, sondern beispielsweise in einem Vororte oder einer sonst benachbarten Ortschaft, ist nicht an seinem amtlichen, sondern an seinem thatsächlichen Wohnorte zu den Gemeindesteuern heranzuziehen.

§ 42.

Hinsichtlich der Heranziehung der Militärpersonen zu den auf das Einkommen gelegten Gemeindeabgaben bewendet es bei den bestehenden Bestimmungen.

Die Mitglieder der Gendarmerie gelten als Militärpersonen im Sinne dieses Gesetzes.

Das Gesetz vom 11. Juli 1822 bezw. für die neuen Provinzen die Verordnung vom 23. September 1867 erklärten alles Einkommen der servisberechtigten aktiven Militärpersonen, ausgenommen hinsichtlich der auf den Grundbesitz oder das Gewerbe gelegten Steuern, wenn sie im Gemeindebezirke Grundeigentum besaßen oder Gewerbe betrieben, sowie die dienstlichen Bezüge der auf Inaktivitätsgehalt gesetzten Offiziere für steuerfrei. Eine Präsidialverordnung vom 22. Dezember 1868 setzte diese Bestimmungen für das ganze Gebiet des norddeutschen Bundes in Kraft. Das Reichsgesetz vom 28. März 1886 — R.=G.=Bl. 1886, S. 65 — hob jene Verordnung insoweit auf, als sie der Heranziehung des außerdienstlichen Einkommens der im Offiziersrange stehenden Militärpersonen, sowie der Pension der zur Disposition gestellten Offiziere im Wege stand. Die Verordnung blieb also hinsichtlich der nicht im Offiziersrange stehenden Militärpersonen in Kraft, hinsichtlich der Offiziere einschließlich der zur Disposition gestellten wurde wegen Besteuerung des außerdienstlichen Einkommens und der Pension der Landesgesetzgebung freie Hand gelassen.

Das preußische Gesetz vom 29. Juni 1886 betreffend die Heranziehung der Militärpersonen zu Abgaben für Gemeindezwecke — G. S. 1886, S. 181 — erklärte nunmehr auch abgesehen von dem Einkommen aus Grundbesitz oder Gewerbebetrieb in der Gemeinde das außerdienstliche Einkommen der klassen= oder einkommensteuerpflichtigen Militärpersonen im Offiziersrange für kommunalsteuerpflichtig mit folgenden Maßgaben. Außer Ansatz bleibt das schon nach dem bisherigen Rechte steuerpflichtige Einkommen und das vorschriftsmäßige Heiratsgut der bereits vor dem 1. April 1887 verheirateten Militärpersonen. Von dem hiernach steuerpflichtigen Einkommen ist an die Garnison= bezw. Wohnsitzgemeinde eine Steuer in Höhe der Staatssteuer von gleichem Einkommen, mindestens aber in Höhe der ersten Klassensteuerstufe, an deren Stelle jetzt die entsprechende Einkommensteuerstufe getreten ist, zu entrichten. Die Feststellung des Betrages erfolgt durch den Vorsitzenden der Einkommensteuer=Einschätzungskommission. Gegen diese Feststellung hat die Gemeinde wie der Abgabenpflichtige binnen zwei Monaten das Recht der Beschwerde an die Bezirksregierung, welche endgiltig entscheidet. Während der Dauer einer Mobilmachung ruht auch diese Abgabenpflicht. Die Militärpensionen stehen den Pensionen der Civilbeamten gleich. Vgl. Entsch. des O.=V.=G. vom 9. Februar 1888 — Bd. 16, S. 161 —.

Vgl. Laband, Staatsrecht des deutschen Reiches (2. Aufl.) Bd. 2, S. 721 ff.; L. Herrfurth, die Heranziehung von Militärpersonen zu Abgaben für Gemeindezwecke, Berlin 1887.

Die Bestimmung über die Gendarmerie entscheidet eine bisher streitige Frage entgegen der Rechtsauffassung des Oberverwaltungsgerichts. Vgl. Entsch. vom 28. September 1888, 1. März 1889 und 5. April 1892, Bd. 17, S. 197, Bd. 22, S. 60.

§ 43.

Den Gemeinden sind Vereinbarungen mit Steuerpflichtigen gestattet, wonach von fabrikmäßigen Betrieben und von Bergwerken an Stelle der Gemeindesteuer vom Einkommen und vom Gewerbebetriebe ein für mehrere Jahre im voraus zu bestimmender fester jährlicher Steuerbeitrag zu entrichten ist. Die Vereinbarung bedarf der Genehmigung.

Die Steuerpflicht selbst ist öffentlichrechtlicher Natur und kann durch Privatdisposition nicht abgeändert werden. Gegenstand der Vereinbarung ist nur die Höhe der Einschätzung. An Stelle der jährlich zu wiederholenden Einschätzung tritt hier das Abkommen für längere Zeit. Solche Abkommen empfehlen sich namentlich für kleine Gemeinden, die mit ihrem Einkommen zum großen Teile auf die Abgaben industrieller Unternehmungen von schwankenden Einnahmen angewiesen sind. Durch die Vereinbarung und die Entrichtung der Gemeindesteuer für mehrere Jahre im Voraus wird der Gemeindehaushalt davor bewahrt, diesen Schwankungen folgen zu müssen und in einer gewissen Stetigkeit erhalten.

b) Berechnung des steuerpflichtigen Einkommens der fiskalischen Domänen, Staats- und Privatbahnen.

§ 44.

Das Reineinkommen aus fiskalischen Domänen und Forsten ist für die einzelnen Liegenschaften aus dem Grundsteuerreinertrage nach dem Verhältnis zu berechnen, in welchem der in der betreffenden Provinz aus den Domänen- und Forstgrundstücken erzielte etatsmäßige Überschuß der Einnahmen über die Ausgaben unter Berücksichtigung der auf denselben ruhenden Verbindlichkeiten und Verwaltungskosten zum Grundsteuerreinertrage steht.

Das Verhältnis ist durch den zuständigen Minister alljährlich endgiltig festzustellen und öffentlich bekannt zu machen.

Der § stimmt fast wörtlich mit § 6 des Kommunalsteuernotgesetzes vom 27. Juli 1885 überein.

Unter den zu berücksichtigenden Verbindlichkeiten sind zu verstehen:

a) diejenigen 7719296 Mk., welche nach Abschnitt 3 des Gesetzes vom 17. Januar 1820 für den Unterhalt der königlichen Familie bestimmt sind;

b) die Zinsen einer Anleihe von 1820 (nach dem Budget 1884/5 = 3334527 Mk. und die betreffende Amortisationsquote);

c) der Umstand, daß die Erlöse aus verkauften Domänen- und Forstgrundstücken den Einnahmen der Domänen- und Forstverwaltung nicht zugerechnet werden, da sie an die Hauptverwaltung der Staatsschulden abzuführen sind.

Zu den Verwaltungskosten gehören auch die im Domänen- und Forstbudget nicht ausgeworfenen Ausgaben, welche in der Central- und Provinzialinstanz für die genannten Verwaltungen entstehen.

Da die Feststellung des Verhältnisses, nach dem das Reineinkommen zu berechnen ist, durch den zuständigen Minister erfolgt, die Einschätzungsorgane aber diese Feststellung zu Grunde zu legen haben, so wird die Einschätzung in diesem Falle zu einer rein formalen Thätigkeit.

§ 45.

Als Reineinkommen der Staats- und für Rechnung des Staats verwaltete Eisenbahnen gilt der rechnungsmäßige Überschuß der Einnahmen über die Ausgaben mit der Maßgabe, daß unter die Ausgaben eine $3^1/_2$ prozentige Verzinsung des Anlage- beziehungweise Erwerbskapitals nach der amtlichen Statistik der im Betriebe befindlichen Eisenbahnen zu übernehmen ist. Der sich danach ergebende steuerpflichtige Gesamtbetrag ist durch den zuständigen Minister alljährlich endgiltig festzustellen und öffentlich bekannt zu machen.

Der § stimmt fast wörtlich mit § 5 Abs. 2 des Kommunalsteuernotgesetzes vom 27. Juli 1885 überein. Die dort in Abs. 1 enthaltene Bestimmung, daß die gesamten Staats- und für Rechnung des Staates verwalteten Eisenbahnen als eine einzige abgabepflichtige Unternehmung anzusehen sind, hat bereits im vorletzten Absatze des § 33 dieses Gesetzes Aufnahme gefunden.

Unter Zugrundelegung dieses einheitlichen Charakters der gesamten Staatseisenbahnverwaltung ist von dem rechnungsmäßigen Überschusse zunächst der Zins des Anlage- bezw. Erwerbskapitals mit $3^1/_2$ pCt., entsprechend dem Zinsfuße der neueren Staatsanleihen in Abzug zu bringen. Die Feststellung des hiernach steuerpflichtigen Gesamtbetrages erfolgt durch den zuständigen Minister. Damit ist aber nur das steuerpflichtige Gesamteinkommen, nicht das in jeder einzelnen Gemeinde zu versteuernde Einkommen ermittelt. Letztere Feststellung geschieht durch Verteilung gemäß den in § 47 des Gesetzes aufgestellten Grundsätzen.

Die Privateisenbahnen sind den Staatseisenbahnen insoweit gleich gestellt worden, als ihre Verwaltung für Rechnung des Staates stattfindet, und daher, unbeschadet des Eigentumsrechtes an der Eisenbahnunternehmung das Einkommen aus derselben ein solches des Staates ist. Ebenso ist das Anlagekapital in gleicher Weise zu verzinsen.

§ 46.

Als Reineinkommen der Privateisenbahnunternehmungen gilt der nach Vorschrift der Gesetze vom 30. Mai 1853 (Gesetzsamml. S. 449) und 16. März 1867 (Gesetzsamml. S. 465) behufs Erhebung der Eisenbahnabgabe für jede derselben ermittelte (bezw. zu ermittelnde) Überschuß abzüglich der Eisenbahnabgabe — mit der Maßgabe, daß bei der Berechnung nach dem Gesetze vom 16. März 1867 die zur Verzinsung und planmäßigen Tilgung der etwa gemachten Anleihen erforderlichen Beträge als Ausgabe mit in Anrechnung gebracht werden dürfen. Die sich danach ergebenden steuerpflichtigen Beträge sind von den mit der Aufsicht über die Privateisenbahnunternehmungen betrauten Staatsbehörden alljährlich endgiltig festzustellen und öffentlich bekannt zu machen.

Auf Kleinbahnen (Gesetz vom 28. Juli 1892, Gesetzsamml. S. 225) findet die vorstehende Bestimmung keine Anwendung.

Abs. 1 stimmt wörtlich überein mit § 4 des Kommunalsteuernotgesetzes vom 27. Juli 1885.

Die Grundlage der Einschätzung bildet der für die Erhebung der Eisenbahnabgabe ermittelte Überschuß. Nach dem Gesetze vom 30. Mai 1853, welches nach der Verordnung vom 22. September 1867 auch in den neuen Provinzen gilt, wird die Eisenbahnabgabe erhoben vom Reinertrage der Eisenbahnen, wie er sich nach den Ergebnissen des Kalenderjahres unter Abzug der Verwaltungs-, Unterhaltungs- und Betriebskosten, sowie des erforderlichen Beitrages zum Reservefond und der zur planmäßigen Verzinsung und Tilgung etwaiger Anleihen erforderlichen Beträge herausstellt. Kapitalien, für welche ein fester Zusatz ohne Teilnahme an der Dividende angeordnet ist, werden hierbei den Anleihen gleich geachtet, selbst wenn sie durch Ausgabe sogenannter Prioritätsaktien aufgebracht sind. Diejenigen Eisenbahngesellschaften, welche statutenmäßig einen gewissen Anteil des Reinertrages dem Staate vorweg zu überlassen haben, unterliegen der Abgabe in der Weise, daß die Steuer von dem statutenmäßig zur Verteilung an die Aktionäre kommenden Reinertrage erhoben wird. Das Gesetz vom 16. März 1867 dehnt die Abgabenpflicht ausdrücklich aus auf sämtliche Eisenbahnen, welche sich nicht im Besitze des Staates oder inländischer Gesellschaften, also im Eigentum einzelner Privatpersonen oder ausländischer Gesellschaften befinden.

Dieser nach Ablauf jedes Betriebsjahres für jede Eisenbahngesellschaft von der Regierung, in deren Bezirke die Direktion ihren Sitz hat und für die in Berlin domizilierenden Eisenbahnen vom Generaldirektor der direkten Steuern ermittelte Überschuß wird zu Grunde gelegt, von ihm die Eisenbahnabgabe und der etwaige Anleihetilgungsbetrag in Abzug gebracht, soweit dies nicht schon bei Berechnung des Überschusses geschehen ist.

Die für Feststellung des steuerpflichtigen Gesamteinkommens zuständigen Staatsaufsichtsbehörden sind die Eisenbahnkommissariate und in zweiter Instanz der Minister für öffentliche Arbeiten.

Das auf diese Weise festgestellte steuerpflichtige Einkommen jeder privaten Eisenbahnunternehmung ist nach den Grundsätzen des § 47 auf die einzelnen Gemeinden zu verteilen.

c) Vermeidung von Doppelbesteuerung.

§ 47.

Die Verteilung des gemeindesteuerpflichtigen Einkommens aus dem Besitze oder Betriebe einer sich über mehrere preußische Gemeinden erstreckenden Gewerbe- oder Bergbauunternehmung erfolgt, sofern nicht zwischen den beteiligten Gemeinden und dem Steuerpflichtigen ein anderweiter Maßstab vereinbart ist, in der Weise, daß:

a) bei Versicherungs-, Bank- und Kreditgeschäften derjenigen Gemeinde, in welcher die Leitung des Gesamtbetriebes stattfindet, der zehnte Teil des Gesamteinkommens vorab überwiesen, dagegen der Überrest nach Verhältnis der in den einzelnen Gemeinden erzielten Bruttoeinnahme verteilt,

b) in den übrigen Fällen das Verhältnis der in den einzelnen Gemeinden erwachsenen Ausgaben an Gehältern und Löhnen, einschließlich der Tantiemen des Verwaltungs- und Betriebspersonals zu Grunde gelegt wird. Bei Eisenbahnen kommen jedoch die Gehälter, Tantiemen und Löhne desjenigen Personals, welches in der allgemeinen Verwaltung beschäftigt ist, nur mit der Hälfte, des in der Werkstättenverwaltung und im Fahrdienst beschäftigten Personals nur mit zwei Dritteilen ihrer Beträge zum Ansatz.

Erstreckt sich eine Betriebsstätte, Station 2c., innerhalb deren Ausgaben an Gehältern und Löhnen erwachsen, über den Bezirk mehrerer Gemeinden, so hat die Verteilung nach Lage der örtlichen Verhältnisse unter Berücksichtigung des Flächenverhältnisses und der den beteiligten Gemeinden durch das Vorhandensein der Betriebsstätte, Station 2c. erwachsenen Kommunallasten zu erfolgen.

Bei den Staats- und für Rechnung des Staats verwalteten Eisenbahnen wird bis zum 1. April 1896 ein Dritteil des gesamten nach § 36 steuerpflichtigen Reineinkommens dieser Bahnen denjenigen Gemeinden, welche vor dem 1. April 1880 steuerberechtigt waren und dieses Recht thatsächlich ausgeübt haben, zur Verteilung nach Verhältnis der im Durchschnitt der dem 1. April 1880 vorangegangenen 3 Steuerjahre zu den Gemeindeabgaben herangezogenen Reinerträge vorab überwiesen. Der Überrest wird nach den vorstehend unter b angegebenen Grundsätzen auf sämtliche nach §§ 33, 35 berechtigte Gemeinden verteilt. Vom 1. April 1896 ab erfolgt die Verteilung nach den Grundsätzen unter b bei allen steuerberechtigten Gemeinden.

Der § stimmt fast wörtlich mit § 7 des Kommunalsteuergesetzes vom 27. Juli 1893 überein. Nur ist unter b die Verteilung im Beschlußverfahren als dem Fortgange des Streitverfahrens hinderlich in Wegfall gekommen.

Das vom Gesetzgeber zu erreichende Ziel ist, daß dasselbe Einkommen bei einem über mehrere Gemeinden sich erstreckenden Betriebe innerhalb des preußischen Staates nicht einer mehrfachen Kommunalbesteuerung unterliegen soll. Zu diesem Zwecke muß eine Verteilung des steuerpflichtigen Einkommens auf die nach § 35 steuerberechtigten Gemeinden erfolgen. In erster Linie verweist der Gesetzgeber hierbei auf Vereinbarungen der beteiligten Gemeinden unter einander, die für den Steuerpflichtigen auch ohne seine Zustimmung bindend sind, soweit dadurch sein Einkommen nicht ganz oder teilweise doppelt besteuert wird. Nur subsidiär, d. h. in Ermangelung einer Vereinbarung unter den beteiligten Gemeinden, gelten über die Verteilung die gesetzlichen Grundsätze unter a und b.

Diese Grundsätze greifen selbstverständlich nur dann Platz, wenn ein einheitlicher, sich über mehrere Gemeinden erstreckender Betrieb vorliegt, nicht dagegen, wenn mehrere selbständige Betriebe durch einen gemeinsamen Eigentümer oder in ähnlicher Weise verbunden sind.

Der Verteilungsmaßstab ist nun ein verschiedener bei Versicherungs-, Bank- und Kreditinstituten auf der einen und bei allen übrigen gewerblichen und Bergbauunternehmungen auf der anderen Seite. Im ersteren Falle bildet, abgesehen von dem Präcipuum, welches der Gemeinde des Gesamtbetriebes zusteht, die Bruttoeinnahme, im letzteren Falle die Lohnausgabe innerhalb der einzelnen Gemeinden den Verteilungsmaßstab.

§ 48.

Die Ermittelung der Bruttoeinnahmen der Versicherungs-, Bank- und Kreditgeschäfte, sowie der Ausgaben an Löhnen und Gehältern (§ 47) erfolgt in dreijährigem Durchschnitt nach Einsicht eines den steuerberechtigten Gemeinden von dem Unternehmer bezw. Gesellschaftsvorstande jährlich mitzuteilenden Verteilungsplanes. Derselbe ist bezüglich der Staatseisenbahnen (§ 45) für jeden Direktionsbezirk besonders aufzustellen.

Nachdem § 47 das Prinzip der Verteilung aufgestellt hat, wird die Art und Weise der Ermittlung des Maßstabes im Anschluß an § 8 des Ges. vom 27. Juli 1885 näher bestimmt. Das Material zu demselben ist den beteiligten Gemeinden von den Steuerpflichtigen selbst zu beschaffen. Die Nichterfüllung dieser Verpflichtung würde zur Folge haben, daß jede Gemeinde selbständig die von ihr zu besteuernde Einkommensquote festzustellen hätte und, wenn sich hierbei herausstellte, daß die von einer Gemeinde beanspruchte Quote zu hoch wäre, so würde es dem Steuerpflichtigen überlassen bleiben müssen, zur Vermeidung einer teilweisen Doppelbesteuerung die zulässigen Rechtsmittel einzulegen und in diesem Verfahren das notwendige Material für die Verteilung beizubringen. Es liegt daher im eigenen Interesse der Steuerpflichtigen, schon von Anfang an der gesetzlichen Verpflichtung zu genügen.

§ 49.

Bei Veranlagung der Steuerpflichtigen zur Einkommensteuer in ihren Wohnsitzgemeinden ist, unbeschadet der Bestimmungen des § 35, derjenige Teil des Gesamteinkommens, welcher in anderen preußischen Gemeinden aus Grundvermögen, Handels- oder gewerblichen Anlagen, einschließlich der Bergwerke, aus Handels- und Gewerdebetrieb, einschließlich des Bergbaues, sowie aus der Beteiligung an dem Unternehmen einer Gesellschaft mit beschränkter Haftung (§ 33 Nr. 2) gewonnen wird, außer Berechnung zu lassen. Zu diesem Behufe wird das Gesamteinkommen des Steuerpflichtigen eingeschätzt und der so ermittelte Steuerbetrag dem Verhältnis des außer Berechnung zu lassenden Einkommens zu dem Gesamteinkommen entsprechend herabgesetzt.

Die Gemeinde, in welcher der Steuerpflichtige seinen Wohnsitz hat, ist jedoch, wenn das steuerpflichtige Einkommen weniger als ein Viertel des Gesamteinkommens beträgt, berechtigt, durch Gemeindebeschluß ein volles Viertel des Gesammteinkommens unter entsprechender Verkürzung des einer oder mehreren Forensalgemeinden zur Besteuerung zufallenden Einkommens für sich zur Besteuerung in Anspruch zu nehmen. Steht dieser Anspruch mehreren Wohnsitzgemeinden zu, so ist dieser Bruchteil nach Maßgabe des § 50 zu verteilen.

Die Bestimmung schließt sich an § 9 des Kommunalsteuernotgesetzes vom 27. Juli 1885 an. Sie hat es lediglich mit den physischen Personen zu thun, welche zwar nur in einer Gemeinde einen Wohnsitz haben, aber mit Rücksicht auf ihren Grundbesitz oder Gewerbebetrieb in verschiedenen Gemeinden steuerpflichtig sind.

Eine bevorzugte Stellung nimmt hierbei die Wohnsitzgemeinde ein. Wenn ein Wohnsitz vorhanden ist, muß als eine rein thatsächliche Frage in jedem Falle besonders entschieden werden. Die Wohnsitzgemeinde ist präsumtiv zur Besteuerung des gesamten Einkommens berechtigt, nur das aus anderen Gemeinden der Monarchie aufkommende Grund- und Gewerbeeinkommen muß sie von Anfang an freilassen. Sie kann aber, wenn dadurch das ihr verbleibende steuerpflichtige Einkommen auf weniger als ein Viertel des Gesamteinkommens sinken würde, zum mindesten dieses Viertel beanspruchen und damit die den Forensalgemeinden verbleibenden Einkommensquoten kürzen.

Wegen mehrerer Wohnsitzgemeinden, die mit Forensalgemeinden konkurrieren, ist auf § 50 zu verweisen.

§ 50.

Bei der Einschätzung von Personen mit mehrfachem Wohnsitz innerhalb des preußischen Staatsgebiets in ihren Wohnsitzgemeinden verbleibt derjenige Teil des Einkommens, welcher aus Grundvermögen, Handels- oder gewerblichen Anlagen, einschließlich der Bergwerke, aus Handel- oder Gewerbe, einschließlich des Bergbaues, sowie aus der Beteiligung an dem Unternehmen einer Gesellschaft mit beschränkter Haftung (§ 33 Nr. 2), fließt, der Belegenheits- bezw. der Betriebsgemeinde. Beträgt jedoch dieser Teil des Einkommens mehr als drei Vierteil des gesamten Einkommens des Steuerpflichtigen, so gelangt die Bestimmung im § 49 Absatz 2 dieses Gesetzes sinngemäß zur Anwendung.

Neuanziehende, welche in einer Gemeinde wegen ihres die Dauer von drei Monaten übersteigenden Aufenthalts zu den Gemeindesteuern herangezogen werden (§ 33 Absatz 4), sind insoweit denjenigen gleichgestellt, welche in dieser Gemeinde ihren Wohnsitz haben.

Im übrigen dürfen Personen mit mehrfachem Wohnsitz in jeder preußischen Wohnsitzgemeinde nur von einem der Zahl derselben entsprechenden Bruchteil ihres Einkommens herangezogen werden. Zu diesem Behufe wird der für das Gesamteinkommen berechnete Steuersatz auf die Wohnsitzgemeinden nach der Zahl derselben gleichmäßig verteilt. Wohnsitzgemeinden, in welchen der Steuerpflichtige sich im Laufe des vorangegangenen Rechnungsjahres überhaupt nicht oder kürzere Zeit als drei Monate aufgehalten hat, werden hierbei nicht mitgezählt.

Der § entspricht dem § 11 des Kommunalsteuernotgesetzes.

Voraussetzung seiner Anwendbarkeit ist der mehrfache Wohnsitz einer physischen Person. Dem Wohnsitze steht der mehr als dreimonatliche Aufenthalt dann gleich, wenn die Gemeinde — wozu sie berechtigt, aber nicht verpflichtet ist, vgl. § 33, letzte Anm. — die Neuanziehenden nach dreimonatlichem Aufenthalte zur Steuer heranzieht.

Dabei sind zwei Fälle zu unterscheiden. Hat der Steuerpflichtige in einer Gemeinde Grund- oder gewerbliches Einkommen, so bleibt dieses der betreffenden Gemeinde nach Analogie der in § 49 für die Forensalbesteuerung aufgestellten Grundsätze. Ist dagegen ein solcher Verteilungsmaßstab nicht vorhanden, so bleibt nichts anderes übrig als das Einkommen auf die verschiedenen Wohnsitzgemeinden, je nach der Zahl derselben, gleichmäßig zu verteilen.

§ 51.

Ist das der Staatseinkommensteuer unterliegende Gesamteinkommen eines Steuerpflichtigen nach seinen Teilen in mehreren preußischen Gemeinden steuerpflichtig, so darf das in diesen Gemeinden steuerpflichtige Einkommen im Ganzen den Höchstbetrag derjenigen Steuerstufe nicht übersteigen, in welche der Steuerpflichtige bei der Veranlagung zur Staatseinkommensteuer eingeschätzt worden ist. Zu diesem Behufe sind die Teile des Einkommens, sofern sie auch nach erfolgter Richtigstellung im ganzen den Höchstbetrag der Steuerstufe übersteigen, verhältnismäßig herabzusetzen (§§ 71 bis 74).

Besitzt der Steuerpflichtige in einer Gemeinde verschiedene Quellen von Einkommen, so sind dieselben für die Besteuerung in der Gemeinde als ein ganzes zu erachten.

Durch die Kommunalbesteuerung seitens mehrerer Gemeinden soll der Steuerpflichtige, sofern diese sämtlichen Gemeinden preußische sind, nicht schlechter gestellt werden, als wenn er sein ganzes Einkommen aus einer einzigen Gemeinde bezöge und in dieser zu versteuern hätte. Sofern daher nach den Bestimmungen der §§ 47--50 im gegebenen Falle durch die Verteilung sich ein anderes Ergebnis herausstellen sollte, muß eine entsprechende Reduktion der in den einzelnen Gemeinden steuerpflichtigen Einkommenquoten stattfinden.

§ 52.

In den Fällen der §§ 47—51 sind behufs Ermittelung des gemeindesteuerpflichtigen Einkommens die selbständigen Gutsbezirke den Gemeinden gleich zu achten.

Die selbstständigen Gutsbezirke sind keine Kommunalverbände und deshalb ihrerseits zur Erhebung von Gemeindesteuern nicht berechtigt. Hat daher jemand in einem Gutsbezirke seinen Wohnsitz oder kommt ein Teil der Einnahmen einer steuerpflichtigen Person in einem Gutsbezirke auf, während im übrigen nach den Grundsätzen der §§ 47--51 eine Gemeinde steuerberechtigt ist, so würde an sich eine Konkurrenz verschiedener Gemeinden in Bezug auf dasselbe Steuerobjekt und die Gefahr einer Doppelbesteuerung nicht vorliegen. Aber es soll durch den zufälligen Umstand, daß der andere örtliche Mittelpunkt der vermögensrechtlichen Beziehungen des steuerpflichtigen ein Gutsbezirk ist, die Gemeinde nicht besser gestellt werden. Sie darf daher nur soviel besteuern, als wenn sie mit einer anderen Gemeinde konkurrierte. Die auf den Gutsbezirk entfallende Einkommensquote bleibt dagegen überhaupt kommunalsteuerfrei.

3. Verpflichtung der Betriebsgemeinden zur Leistung von Zuschüssen.

§ 53.

Wenn einer Gemeinde, welcher ein Besteuerungsrecht nach § 35 nicht zusteht, durch den in einer anderen Gemeinde stattfindenden Betrieb von Berg-, Hütten- oder Salzwerken, Fabriken oder Eisenbahnen nachweisbar Mehrausgaben für Zwecke des öffentlichen Volksschulwesens oder der öffentlichen Armenpflege erwachsen, welche im Verhältnisse zu den ohne diese Betriebe für die erwähnten Zwecke notwendigen Gemeindeausgaben einen erheblichen Umfang erreichen und eine Überbürdung der Steuerpflichtigen herbeizuführen geeignet sind, so ist eine solche Gemeinde berechtigt, von der Betriebsgemeinde einen angemessenen Zuschuß zu verlangen. Bei der Bemessung desselben sind neben der Höhe der Mehrausgaben auch die nachweisbar der Gemeinde erwachsenden Vorteile zu berücksichtigen. Die Zuschüsse der Betriebsgemeinde dürfen in keinem Falle mehr als die Hälfte der gesamten in der Betriebsgemeinde von den betreffenden Betrieben zu erhebenden Gemeindesteuern betragen.

Liegt der Betrieb in einem Gutsbezirk, so richtet sich der Anspruch gegen den Gewerbetreibenden; der Zuschuß darf in diesem Falle den vollen Satz der staatlich veranlagten Gewerbesteuer nicht übersteigen.

Über den Anspruch beschließt in den Fällen, in welchen keine Einigung der Beteiligten erfolgt, der Kreisausschuß, soweit die Stadt Berlin oder andere Stadtgemeinden beteiligt sind, der Bezirksausschuß. Gegen den Beschluß findet innerhalb zwei Wochen der Antrag auf mündliche Verhandlung im Verwaltungsstreitverfahren statt.

Zutreffenden Falles kommen die Bestimmungen des § 58 des Gesetzes über die allgemeine Landesverwaltung vom 30. Juli 1883 (Gesetz-Samml. S. 165) dahin zur Anwendung, daß auch in den Fällen, in welchen die Stadt Berlin beteiligt ist, der Minister des Innern den Bezirksausschuß bestimmt, welcher zu beschließen hat.

Durch die Verpflichtung der Betriebsgemeinden zu Zuschüssen für die Ausgaben, zu denen eine andere nicht steuerberechtigte Gemeinde durch den Betrieb veranlaßt wird, soll die hierin liegende Unbilligkeit, daß Leistung und Gegenleistung sich nicht entsprechen, ausgeglichen werden. Der Anspruch richtet sich regelmäßig nicht gegen den Gewerbetreibenden, sondern gegen die Betriebsgemeinde, welche die Steuern von dem Betriebe bezieht. Nur in dem Falle, daß der Betrieb in einem Gutsbezirke liegt, ist, da dieser Steuern nicht erhebt, ein Anspruch gegen den Gewerbtreibenden selbst gegeben.

Wegen der Feststellung des Anspruches wird in erster Linie auf eine Vereinbarung der Beteiligten verwiesen. Nur soweit eine solche nicht zu Stande kommt, ist die Entscheidung durch das Beschluß-, bezw. Verwaltungsstreitverfahren herbeizuführen.

4. Vertheilung des Steuerbedarfs auf die verschiedenen Steuerarten.

§ 54.

Die vom Staate veranlagten Realsteuern sind in der Regel mindestens zu dem gleichen und höchstens zu einem um die Hälfte höheren Prozentsatze zur Kommunalsteuer heranzuziehen, als Zuschläge zur Staatseinkommensteuer erhoben werden.

So lange die Realsteuern 100 Prozent nicht übersteigen, ist die Freilassung der Einkommensteuer oder eine Heranziehung derselben mit einem geringeren als dem im ersten Absatze bezeichneten Prozentsatze zulässig.

Werden mehr als 150 Prozent der staatlich veranlagten Realsteuern erhoben und ist die Staatseinkommensteuer mit 150 pCt. belastet, so können von dem Mehrbetrage für jedes Prozent der staatlich veranlagten Realsteuern 2 pCt. der Staatseinkommensteuer erhoben werden.

Mehr als 200 Prozent der Realsteuern dürfen in der Regel nicht erhoben werden.

Dem bisherigen Kommunalsteuerrechte waren Vorschriften über die Verteilung der Zuschläge auf die einzelnen Steuerarten und über die Maximalhöhe der Zuschläge im allgemeinen fremd. Versuchen der Gemeinden, alle Steuern auf das Einkommen überhaupt abzuwälzen, wurde jedoch durch die staatlichen Aufsichtsbehörden entgegengetreten. An die Stelle dieses freien Ermessens der Aufsichtsinstanz tritt jetzt die feste gesetzliche Regelung des Verhältnisses, von der nur ausnahmsweise mit besonderer Genehmigung Abweichungen stattfinden dürfen.

In erster Linie werden die Gemeinden auf die Realsteuern vom Grundbesitze und Gewerbebetriebe verwiesen, die regelmäßig nur bis zur

Höhe von 200 Prozent erhoben werden dürfen. Bleiben die Realsteuern unter 100 Prozent zurück, so kann die Gemeinde auf die Einkommensteuer überhaupt verzichten oder von derselben einen beliebig geringen Prozentsatz erheben. Falls dagegen die Realsteuern 100 bis 150 Prozent betragen, so muß in der Regel die Einkommensteuer zu einem bestimmten Prozentsatze, nämlich mindestens zu einem um die Hälfte niedrigeren und höchstens zu dem gleichen wie die Realsteuern erhoben werden. Wenn endlich die Realsteuern 150 Prozent überschreiten und die Gemeindeeinkommensteuer mindestens 150 Prozent beträgt, so können von dem Mehrbetrage auf jedes weitere Prozent Realsteuern zwei Prozent Einkommensteuern erhoben werden. Diese verhältnismäßige Festsetzung bezieht sich jedoch nur auf den Fall, daß die staatlich veranlagten Realsteuern zur Hebung gelangen, und die Gemeinde nicht besondere Grund- und Gewerbesteuern eingeführt hat.

§ 55.

Zuschläge über den vollen Satz der Staatseinkommensteuer hinaus, sowie Abweichungen von den im § 54 enthaltenen Vorschriften bedürfen der Genehmigung; die Abweichungen sind nur aus besonderen Gründen zu gestatten.

In beiden Fällen ist davon auszugehen, daß Aufwendungen der Gemeinde, welche in überwiegendem Maße dem Grundbesitze und dem Gewerbebetriebe zum Vorteile gereichen, insoweit in der Regel durch Realsteuern gedeckt werden sollen, sofern die Ausgleichung nicht nach §§ 4, 9, 10 oder 20 erfolgt. Zu solchen Aufwendungen gehören namentlich die Ausgaben für den Bau und die Unterhaltung von Straßen und Wegen, für Ent- und Bewässerungsanlagen, sowie für die Verzinsung und Tilgung der zu derartigen Zwecken aufgenommenen Schulden.

Abs. 1 erfordert die Genehmigung in zwei wesentlich verschiedenen Fällen, einmal, wenn in Erfüllung der Vorschriften des § 54 Abs. 1 und 3 sich die Erhebung von Gemeindeeinkommensteuer in Höhe von mehr als 100 Prozent Zuschlag als notwendig herausstellt, und außerdem wenn das in § 54 Abs. 1 festgestellte Verhältnis oder die nach § 54 Abs. 4 zulässige Maximalhöhe der Realsteuern abgeändert werden soll. Abs. 2 erteilt dagegen der genehmigenden Behörde eine Direktive, von der sie bei der Prüfung der ihrer Genehmigung unterbreiteten Beschlüsse ausgehen soll. Sie hat an dem Grundsatze festzuhalten, daß Ausgaben, die besonders dem Grundbesitze und Gewerbebetriebe zu Gute kommen — u. a. die namentlich aufgezählten — und die für diese Zwecke aufgenommenen Schulden auch aus den Realsteuern zu decken sind, und daß sich hiernach die Höhe der Realsteuern in ihrem Verhältnisse zu den Einkommensteuerzuschlägen zu bemessen hat.

§ 56.

Zur Deckung des durch Realsteuern aufzubringenden Steuerbedarfs sind die veranlagten Grund-, Gebäude- und Gewerbesteuern in der Regel mit dem gleichen Prozentsatze heranzuziehen.

Genießen jedoch die Grund- (Haus-) Besitzer oder Gewerbetreibenden von Veranstaltungen der Gemeinde besondere Vorteile oder verursachen sie der Gemeinde besondere Kosten, so ist, sofern die Ausgleichung nicht nach §§ 4, 9, 10 oder 20 erfolgt, der durch die Realsteuern aufzubringende Steuerbedarf (§§ 54, 55) auf die Steuern vom Grund- (Haus-) Besitz und Gewerbebetrieb, in Prozenten der veranlagten Realsteuern berechnet, anderweitig entsprechend unterzuverteilen, jedoch mit der Maßgabe, daß Grund- und Gebäudesteuer höchstens doppelt so stark herangezogen werden, wie die Gewerbesteuer und umgekehrt.

Ausnahmen können aus besonderen Gründen von den Ministern des Innern und der Finanzen zugelassen werden.

Vorstehende Bestimmungen finden sinngemäße Anwendung auf die Heranziehung der Grundsteuer im Verhältnis zur Gebäudesteuer.

Die Unterverteilung (Absatz 2 und 4) bedarf der Genehmigung.

Während die §§ 54 und 55 die Realsteuern als eine Einheit zusammenfaßten und ihr Verhältnis zu den Einkommensteuerzuschlägen festsetzten, beschäftigt sich der vorliegende § nur mit dem Verhältnisse der Realsteuern untereinander. Als Regel wird es betrachtet, daß Grund-, Gebäude- wie Gewerbesteuer zu gleichen Prozentsätzen erhoben, und Kosten für kommunale Veranstaltungen, welche vorzugsweise einer Klasse zu Gute kommen, durch Gebühren, Beiträge oder eventuell durch Präcipualsteuern gemäß § 20 aufgebracht werden. Nur soweit auf diesem Wege eine Ausgleichung für besondere Vorteile nicht herbeigeführt werden kann, ist eine Heranziehung der Grund-, Gebäude- und Gewerbesteuer zu verschiedenen Prozentsätzen als Ausgleichsmittel für zulässig erklärt. Es darf aber auch in diesem Falle regelmäßig die eine Realsteuer höchstens doppelt so stark herangezogen werden als die anderen. Jedoch sind Ausnahmen nach Abs. 3 zulässig. Das Verhältnis der Realsteuern und der Einkommensteuer wird in diesem Falle nach dem Prozentsatze der am niedrigsten veranlagten Realsteuer zu bemessen sein, da die höhere Heranziehung einer einzelnen Realsteuer nur einen Ausgleich für besondere Vorteile und Kosten bilden soll.

§ 57.

Bei der Verteilung des Steuerbedarfs (§§ 54, 55, 56) ist das Aufkommen besonderer Gemeindesteuern (§ 23, Absatz 2, §§ 25, 29, 37) je nach ihrer Einrichtung und Beschaffenheit auf denjenigen Teil des Steuerbedarfs zu verrechnen, welcher durch Prozente der entsprechenden vom Staate veranlagten Steuer aufzubringen ist.

Mietssteuern von gewerblich benutzten Räumen sind auf die Gewerbesteuer zu verrechnen.

Die in §§ 54—56 festgesetzte Verteilung des Steuerbedarfs auf die einzelnen Steuerarten geht von der Voraussetzung aus, daß die Realsteuern in Prozentsätzen der staatlich veranlagten Grund-, Gebäude- und Gewerbesteuer und die Gemeindeeinkommensteuer in Form von Zuschlägen zur Staatseinkommensteuer erhoben wird. Diese Regel versagt demnach ihre Wirkung, wenn an Stelle der Einkommensteuerzuschläge ganz oder teilweise Aufwandssteuern oder ausnahmsweise besondere Gemeindeeinkommensteuern, sowie an Stelle der staatlich veranlagten Grund-, Gebäude- und Gewerbesteuer besondere kommunale Grund- und Gewerbesteuern erhoben werden. Bei der Mannigfaltigkeit der wirthschaftlichen Verhältnisse, welche sich hierbei herausstellen können, war die Aufstellung eingehender Normativbestimmungen über die Steuerproportionen nach Art der in §§ 54—56 enthaltenen ein Ding der Unmöglichkeit. Es konnte daher nur die Miethssteuer von gewerblich benutzten Räumen der Gewerbesteuer gleichgestellt werden. Im übrigen blieb nur die Verweisung auf das Prinzip übrig, daß nach Analogie der in §§ 54—56 aufgestellten Grundsätze der Steuerbedarf auf die besonderen Steuern zu verteilen ist. Die Durchführung dieses Prinzips wird am einfachsten in der Weise erfolgen können, daß die Gemeinde zunächst den Steuerbedarf auf die staatlich veranlagten Steuern in Prozentsätzen gemäß §§ 54—56 verteilt und demnächst an die Stelle der sich hiernach ergebenden Gesamtsumme aus den Steuerzuschlägen die etwa bestehende besondere Gewerbesteuer treten läßt. Würden beispielsweise nach § 54 von den Realsteuern wie von der Einkommensteuer 130 Prozent zu erheben sein, und hiernach durch die staatlich veranlagte Gewerbesteuer 15000 Mk. aufgebracht werden müssen, so darf die in der Gemeinde bestehende besondere Gewerbesteuer auch nur derart erhoben werden, daß aus ihr insgesamt 15000 Mk. aufkommen.

§ 58.

Die Bestimmungen der §§ 54, 56 und 57 finden auf die Betriebssteuer und auf die Steuern von Bauplätzen (§ 27 Absatz 2) keine Anwendung. Zuschläge zu der Betriebssteuer, die 100 pCt. übersteigen, bedürfen der Genehmigung.

Bei der Erhebung von Steuern auf diese beiden Steuerobjekte soll die Gemeinde aus besonderen sozialpolitischen Gründen von der Beobachtung der vorher aufgestellten Regeln insofern entbunden sein, als sie höhere Beträge erheben kann, bei der Betriebssteuer jedoch ohne Genehmigung nicht über 100 Prozent. Sofern an Stelle der Betriebssteuer eine besondere Schanksteuer erhoben wird, muß hierbei gemäß den in § 57 aufgestellten Grundsätzen verfahren, zunächst der gesamte Steuerbetrag nach Prozentsätzen der staatlich veranlagten Betriebssteuer berechnet und an Stelle dieses Gesamtbetrages die besondere Schanksteuer gesetzt werden.

§ 59.

Über die Verteilung des Steuerbedarfs nach den vorstehenden Bestimmungen (§§ 54 bis 57) hat die Gemeinde bis zum Ablaufe der ersten drei Monate des Rechnungsjahres Beschluß zu fassen. Kommt bis zu diesem Zeitpunkte ein giltiger Beschluß nicht zu stande, so werden behufs Deckung des Steuerbedarfs — unbeschadet der Vorschrift im § 96 Absatz 4 — die Realsteuern mit einem um die Hälfte höheren Prozentsatze als die Einkommensteuer, unter sich nach gleichen Prozentsätzen, herangezogen. Die

Aufsichtsbehörde ist jedoch befugt, die Deckung des Steuerbedarfs nach Maßgabe der §§ 54, 55 anzuordnen.

Der hiernach zur Anwendung gelangende Maßstab behält so lange Geltung, als nicht bis zum Ablaufe der ersten drei Monate des jedesmaligen Rechnungsjahres ein giltiger Gemeindebeschluß über die Verteilung des Steuerbedarfs zu stande gekommen ist.

Die §§ 54—57 enthalten Normativbestimmungen für die Gemeinde, nach denen diese bei der Verteilung des Steuerbedarfes zu verfahren hat. Diese Bestimmungen sind jedoch nicht unbedingt zwingender Natur, sondern lassen nach den verschiedensten Richtungen der Gemeinde einen gewissen Spielraum. Es bedarf also immerhin eines besonderen Beschlusses der Gemeinde über die Verteilung, der innerhalb der ersten drei Monate jedes Rechnungsjahres zu fassen ist. In welcher Weise dieser Gemeindebeschluß zu Stande zu kommen hat, wird durch dieses Gesetz nicht bestimmt, sondern richtet sich nach den verschiedenen Gemeindeordnungen.

Kommt innerhalb der vorgeschriebenen Zeit dieser Gemeindebeschluß nicht zu Stande, so sind zwei Möglichkeiten gegeben. Entweder die Aufsichtsbehörde greift nicht ein: dann wird, soweit sich nicht aus den bisherigen und nach § 96 Abs. 4 weiter in Kraft erhaltenen Steuerordnungen etwas anderes ergiebt, der Steuerbedarf unmittelbar auf Grund des Gesetzes derart verteilt, daß die Realsteuern unter sich nach gleichen, im Verhältnisse zur Einkommensteuer aber mit zur Hälfte höheren Prozentsätzen als diese herangezogen werden. Oder die Aufsichtsbehörde kann, statt es bei dieser unmittelbaren gesetzlichen Normierung bewenden zu lassen, selbst für die Gemeindeorgane die Verteilung nach Maßgabe der gesetzlichen Normativbestimmungen vornehmen.

In beiden Fällen kann die Gemeinde die ohne ihre Mitwirkung vorgenommene Verteilung außer Kraft setzen, indem sie diese selbst vornimmt, jedoch nur innerhalb der ersten drei Monate jedes Rechnungsjahres. So lange sie dies nicht thut, bleibt es bei dem nach Abs. 1 festgestellten Maßstabe.

5. Zeitliche Begrenzung der Steuerpflicht.

§ 60.

Soweit sich die Gemeindesteuern den Staatssteuern anschließen und etwas anderes nicht bestimmt ist, gelten für den

Zeitpunkt des Beginnes und des Erlöschens der Steuerpflicht die für die entsprechende Staatssteuer bestehenden Vorschriften.

Im übrigen gelten hinsichtlich der Dauer der Steuerpflicht folgende Bestimmungen:

1. Die Steuerpflicht beginnt:
   a) soweit sie von der Begründung eines Wohnsitzes oder Sitzes in einer Gemeinde abhängt, mit dem ersten Tage des auf die Begründung des Wohnsitzes oder Sitzes folgenden Monats;
   b) soweit sie von dem Aufenthalte in einer Gemeinde abhängt, mit dem ersten Tage des nach dem Ablaufe der maßgebenden Aufenthaltsfrist (§ 33 Absatz 4) beginnenden Monats;
   c) soweit sie durch Grundvermögen, Betrieb von Handel oder Gewerbe, einschließlich des Bergbaues, bedingt ist (§ 33 Nr. 2, § 35), mit dem ersten Tage des auf den Erwerb des Grundvermögens oder den Beginn des Betriebes folgenden Monats.

Ist in dem zu b bezeichneten Falle die Steuerpflicht infolge des Ablaufs der Aufenthaltsfrist oder der früheren Begründung eines Wohnsitzes eingetreten, so muß die Steuer seit dem ersten Tage des nach erfolgter Aufenthaltsnahme begonnenen Monats nachentrichtet werden.

2. Die Steuerpflicht erlischt:
   a) durch den Tod des Steuerpflichtigen mit dem Ablaufe des Monats, in welchem der Tod erfolgt ist;
   b) durch das Aufgeben des Wohnsitzes, Sitzes oder Aufenthalts mit dem Ablaufe des Monats, in welchem der Wohnsitz, Sitz oder Aufenthalt thatsächlich aufgegeben worden ist, sofern jedoch bis zu diesem Zeitpunkte der Gemeindebehörde hiervon keine Anzeige erstattet ist, erst mit dem Ablaufe des folgenden Monats;
   c) durch die Veräußerung des Grundvermögens bezw. die Einstellung des die Steuerpflicht bedingenden Betriebes von Handel oder Gewerbe, einschließlich des Bergbaues

(§ 33 Nr. 2, § 35) mit dem Ablaufe des Monats, in welchem die Veräußerung bezw. die Einstellung des Betriebes erfolgt ist.

Wegen Beginns und Endes der Steuerpflicht wird in erster Linie auf die bezüglich der Staatssteuer geltenden Grundsätze verwiesen. Dies genügte jedoch nicht, weil es sich bei den Kommunalsteuern nicht nur um die Steuerverpflichtung überhaupt, sondern um diejenige gegenüber einer bestimmten Gemeinde handelt, hierüber aber die Staatssteuergesetze Anordnung zu treffen keine Veranlassung hatten. Im finanztechnischen Interesse wird hierbei immer nach vollen Kalender-Monaten gerechnet. Die Steuerpflicht beginnt und endet daher nicht sofort mit Eintritt des sie begründenden oder aufhebenden Ereignisses, sondern erst vom folgenden Monate ab und zwar regelmäßig ohne weiteres, beim Aufgeben des Wohnsitzes, Sitzes oder Aufenthaltes aber nur unter der ferneren Voraussetzung, daß vor Ablauf des Kalendermonates, in dem das Ereignis eingetreten ist, der Gemeindebehörde hiervon Anzeige gemacht wird.

Bei dem bloßen Aufenthalte beginnt die Steuerpflicht allerdings erst gemäß § 8 des Freizügigkeitsgesetzes nach Ablauf von drei Monaten, die nicht volle Kalendermonate zu sein brauchen. Ist aber der Aufenthalt über drei Monate ausgedehnt worden, so kann die Besteuerung auch für die zurückliegende Zeit vom Anfange des auf die Aufenthaltnahme folgenden Kalendermonates erfolgen. Es entspricht dies auch bereits dem bisherigen Rechte. Vgl. letzte Anm. zu § 33.

6. Veranlagung und Erhebung.

§ 61.

Die Veranlagung erfolgt durch den Gemeindevorstand oder einen besonderen Steuerausschuß der Gemeinde.

Die Zusammensetzung und die Geschäftsordnung der Steuerausschüsse sind unter sinngemäßer Anwendung der Vorschriften der §§ 50 Absatz 3 bis einschließlich 54 des Einkommensteuergesetzes vom 24. Juni 1891 durch Gemeindebeschluß zu bestimmen.

Ob der Gemeindevorstand oder ein besonderer Steuerausschuß die von der Gemeinde zu erhebenden Steuern, soweit sie nicht bereits durch staatliche Organe veranlagt sind, zu veranlagen hat, bleibt ganz der Beschlußfassung der Gemeindeorgane überlassen. Regelmäßig wird in kleineren Gemeinden der Gemeindevorstand die Veranlagung bewirken können, in größeren dagegen sich die Bestellung eines besonderen Steuerausschusses als notwendig ergeben.

Wegen Zusammensetzung und Geschäftsordnung der Steuerausschüsse wird auf analoge Anwendung der Bestimmungen des Einkommensteuergesetzes verwiesen. Hiernach müssen die Mitglieder der Kommissionen mindestens 25 Jahre alt und im Besitze der bürgerlichen Ehrenrechte sein. Der Vorsitzende bereitet die Geschäfte vor, beruft die Kommission, leitet die Verhandlungen und führt die Beschlüsse aus. Die Bildung besonderer Unterkommissionen ist zulässig. Die Beschlußfassung erfolgt mit Stimmenmehrheit. Bei der eigenen Einschätzung und bei der von Verwandten und Verschwägerten bis zum dritten Grade darf kein Mitglied sich beteiligen. Die Mitglieder sind durch Handschlag auf gewissenhafte Pflichterfüllung und Geheimhaltung zu verpflichten. Die Zustellungen erfolgen auf Anordnung des Vorsitzenden durch einen öffentlichen Beamten, durch die Post oder bei unbekannten Adressen durch Aushang, außerhalb Preußens durch eingeschriebene Briefe. Die Mitglieder werden für jedes Veranlagungsgeschäft besonders gewählt. Wenn die Wahl unterbleibt, sind die Geschäfte auf Verfügung der Aufsichtsbehörde durch den Vorsitzenden wahrzunehmen (§§ 50 Abs. 3—54 des Einkommensteuergesetzes vom 24. Juni 1891).

Im übrigen ist wegen der Zusammensetzung der Steuerausschüsse den Gemeinden freie Bestimmung überlassen. Regelmäßig wird sich die Bildung nach Art der in den Gemeindeordnungen vorgesehenen gemischten Deputationen, d. h. aus einem Mitgliede des Gemeindevorstandes als Vorsitzenden, Mitgliedern der Gemeindevertretung und sonstigen Gemeindeangehörigen empfehlen. Doch besteht irgend welcher Zwang nach dieser Richtung für die Gemeinden nicht.

§ 62.

Dem Gemeindevorstande (Steuerausschuß) sind von den zuständigen Staatsbehörden diejenigen bei der Veranlagung oder Festsetzung der Staatssteuern bekannt gewordenen Besteuerungsmerkmale, deren er für die Veranlagung bedarf, auf Ersuchen mitzuteilen.

Zu dem gleichen Zwecke haben die Behörden anderer Gemeinden hinsichtlich der ihnen bekannten Besteuerungsmerkmale dem Gemeindevorstande (Steuerausschuß) auf Erfordern Auskunft zu erteilen.

Die Bestimmung entspricht der bereits in § 35 Abs. 6 des Einkommensteuergesetzes vom 24. Juni 1891 ausgesprochenen Verpflichtung der Staats- und Kommunalbehörden zur Mitteilung aller für die Einkommensverhältnisse der Steuerpflichtigen wesentlichen Grundlagen, soweit nicht, wie bezüglich der Sparkassen ausdrücklich hervorgehoben wird, besondere gesetzliche Bestimmungen oder dienstliche Rücksichten entgegenstehen. In weiterer Ausführung dieses Grundsatzes wird jetzt den Gemeindeorganen ein Recht auf solche Mitteilungen eingeräumt. Es wird dies aber immerhin auch nur mit dem eben erwähnten Vorbehalte zu verstehen sein, da es nicht in der Absicht des Gesetzgebers lag, in Geltung stehende Verbote der Mitteilung zu Gunsten der Kommunalbesteuerung aufzuheben. Es werden also insbesondere die Reichsbank und ihre Nebenstellen, sowie die Sparkassenverwaltungen zu Mitteilungen weder verpflichtet noch auch berechtigt sein. Der § 62 hat nur die Bedeutung, daß die den Steuerbehörden sonst allgemein obliegende Pflicht der Geheimhaltung der Einkommensverhältnisse, welche amtlich zu ihrer Kenntnis gelangt sind, im Interesse der Kommunalbesteuerung aufgehoben wird, soweit es sich um Mitteilungen an die Gemeindesteuerbehörden handelt.

§ 63.

Durch die Steuerordnung können die Rechte des Gemeindevorstandes (Steuerausschusses) und die Obliegenheiten der Steuerpflichtigen nach Maßgabe folgender Bestimmungen geregelt werden.

Der Gemeindevorstand (Steuerausschuß) kann, soweit er nicht auf anderem Wege (§ 62) zur Kenntnis der für die Veranlagung maßgebenden Besteuerungsmerkmale gelangt ist, ermächtigt werden, von den Steuerpflichtigen hierüber binnen einer angemessenen Frist Auskunft zu erfordern. Die Aufforderung muß in jedem einzelnen Falle durch eine besondere, dem Steuerpflichtigen zuzustellende Zuschrift erfolgen.

Die Verpflichtung zur Auskunftserteilung erstreckt sich nur auf die Beantwortung der bei der Aufforderung gestellten Fragen über bestimmte Thatsachen. Soweit es sich um Schätzungen handelt, ist der Steuerpflichtige eine Erklärung abzugeben berechtigt, aber nicht verpflichtet.

Wird die Auskunfterteilung beanstandet, so sind dem Steuerpflichtigen vor der Veranlagung die Gründe der Beanstandung mit dem Anheimstellen mitzuteilen, hierüber binnen einer angemessenen Frist eine weitere Erklärung abzugeben.

Die im Vorstehenden wegen der Steuerpflichtigen getroffenen Bestimmungen finden auf Bevollmächtigte und gesetzliche Vertreter der Steuerpflichtigen sinngemäße Anwendung.

In erster Linie sind die Gemeindeorgane für ihre Veranlagungsthätigkeit auf die nach § 62 zu erfordernden amtlichen Mitteilungen verwiesen. Nur soweit diese nicht ausreichen, kann sich das Gemeindeorgan an den Steuerpflichtigen selbst wenden. Diese Befugnis hat es jedoch nicht ohne weiteres, sondern nur, wenn sie ihm, mag es sich dabei um staatlich veranlagte oder um besondere Gemeindesteuern handeln, in Ausführung der gesetzlichen Bestimmungen durch die Steuerordnung besonders beigelegt sind.

Die Verpflichtung des Steuerpflichtigen erstreckt sich nur auf Thatsachen, nicht auf Schätzungen. Nur in ersterer Beziehung greift daher bei falschen Angaben die Strafbestimmung des § 79 Platz. Den Verlust von gesetzlichen Rechtsmitteln haben dagegen falsche Angaben nicht zur Folge. Wenn trotz der Beanstandung weitere Erklärungen nicht abgegeben werden, so haben die Gemeindeorgane die Schätzung nach eigenem Ermessen vorzunehmen. Zur Abkürzung des Verfahrens wird sich in vielen Fällen die unmittelbare mündliche Verhandlung mit dem Steuerpflichtigen empfehlen.

§ 64.

Durch Steuerordnung kann bestimmt werden, daß die Veranlagung besonderer Realsteuern für mehrere aufeinander folgende Rechnungsjahre zu erfolgen hat. Soweit eine Bestimmung nicht getroffen ist, geschieht die Veranlagung für je ein Rechnungsjahr.

Im Interesse der Erleichterung des Geschäftsganges und der Arbeitslast wird es sich empfehlen, namentlich in den Gemeinden von dieser Erlaubnis Gebrauch zu machen, in denen die wirtschaftlichen Verhältnisse ziemlich stationäre sind, und deshalb von Jahr zu Jahr eine erhebliche Veränderung in der Realsteuerveranlagung nicht zu erwarten ist.

§ 65.

Im Falle der Erhebung von Prozenten der vom Staate veranlagten Realsteuern, sowie von Zuschlägen zur Staatseinkommensteuer erfolgt die Bekanntmachung der Steuern durch den Gemeindevorstand für diejenigen Steuerpflichtigen, bezüglich deren die staatlich veranlagte Steuer die unveränderte Grundlage der Prozente oder Zuschläge bildet, durch eine in ortsüblicher Weise zu bewirkende Veröffentlichung der zu erhebenden Prozentsätze, für andere Steuerpflichtige durch besondere Mitteilung.

Bei Erhebung besonderer Gemeindesteuern geschieht die Bekanntmachung durch den Gemeindevorstand für die im Gemeindebezirke wohnenden steuerpflichtigen physischen Personen mittes Auslegung der Hebeliste während eines zweiwöchigen Zeitraumes in einem oder mehreren, in ortsüblicher Weise zur öffentlichen Kenntnis zu bringenden Räumen des Gemeindezirks, für die übrigen Steuerpflichtigen durch besondere Mitteilung.

Bei Zugängen im Laufe des Jahres bedarf es stets besonderer Mitteilung.

Durch Gemeindebeschluß kann an Stelle der Bekanntmachung durch Auslegung eine besondere Mitteilung an jeden einzelnen Pflichtigen angeordnet werden.

Die hier vorgeschriebenen Publikationsformen greifen absolut Platz und treten an die Stelle aller bisherigen. Der Autonomie der Gemeinde ist nur insoweit ein Spielraum gegeben, als sie an Stelle der allgemeinen Bekanntmachung durch Auslegung, wo das Gesetz diese zuläßt, die besondere Mitteilung an die einzelnen Steuerpflichtigen vorschreiben kann.

§ 66.

Nach erfolgter Bekanntmachung (§ 65 ist die Steuer in den ersten acht Tagen eines jeden Monats zu entrichten. An Stelle des Monats kann durch Gemeindebeschluß eine zwei- oder dreimonatliche Hebeperiode eingeführt werden. Auch können durch Gemeindebeschluß bestimmte Hebungstage festgesetzt werden.

Wenn die zu erhebenden Prozentsätze der vom Staate veranlagten Realsteuern oder die Zuschläge zur Einkommensteuer 50 vom Hundert nicht übersteigen, so kann durch Gemeindebeschluß unter Festsetzung der Hebetermine die Hebung der Steuer in halbjährigen Beträgen oder auch im Betrage des ganzen Jahres angeordnet werden.

Dem Pflichtigen ist stets die Vorausbezahlung mehrerer Raten bis zum ganzen Jahresbetrage gestattet.

Das Gesetz selbst betrachtet die monatliche Hebung der Steuern als die Regel, läßt aber den Gemeinden bei Festsetzung anderweitiger Hebungsperioden die weiteste Autonomie. Bis zu drei Monaten können sie die Hebeperiode unbedingt ausdehnen, bis zu einem ganzen Jahre dann, wenn die kommunalen Zuschläge 50 Prozent nicht übersteigen. Die Gemeindeverwaltung wird bei einer solchen anderweiten Festsetzung besonders die Lage der minder besitzenden Klassen zu berücksichtigen haben, denen die einmalige Aufbringung einer größeren Summe schwieriger wird als die mehrmalige eines kleineren Betrages, denen aber andererseits durch die Erhebung für eine längere Zeit mehrfache Wege und Zeitverluste erspart werden. Welcher von diesen Umständen am meisten ins Gewicht fällt, wird nach Lage der örtlichen Verhältnisse zu beurteilen sein. Jedenfalls hat der Steuerpflichtige das Recht, die ganze Jahressteuer im Voraus zu bezahlen.

§ 67.

Die Gemeinden können die von den Mitgliedern einer Gesellschaft mit beschränkter Haftung gemäß § 33 Nr. 2 und 3 zu entrichtende Gemeindeeinkommensteuer von der Gesellschaft einziehen.

Durch eine solche Einziehung vereinfacht sich die Gemeinde das Verfahren dann, wenn sowohl die Gesellschaft mit beschränkter Haftpflicht selbst als auch die steuerpflichtigen Mitglieder in der Gemeinde ihren Sitz bezw. Wohnsitz haben.

Vierter Titel.

Naturaldienste.

§ 68.

Die Steuerpflichtigen können durch Gemeindebeschluß zu Naturaldiensten (Hand- und Spanndiensten) herangezogen werden.

Spanndienste sind von den Grundbesitzern nach dem Verhältnis der Anzahl der Zugtiere, welche die Bewirtschaftung ihres im Gemeindebezirk belegenen Grundbesitzes erfordert, Handdienste von sämtlichen Steuerpflichtigen gleichheitlich zu leisten. Ob und inwieweit hierbei den gespannhaltenden Grundbesitzern die ihnen obliegenden Spanndienste auf das Maß der auf sie entfallenden Handdienste anzurechnen sind, bestimmt sich nach den hierüber getroffenen vertragsmäßigen oder statutarischen Festsetzungen oder dem Herkommen. Im Zweifelsfalle wird vermutet, daß die gespannhaltenden Grundbesitzer nur bei solchen Arbeiten, bei welchen zugleich Spanndienste vorkommen, von den Handdiensten befreit sind. Abweichungen von diesen Bestimmungen, insbesondere die Heranziehung von anderen gespannhaltenden Steuerpflichtigen zu Spanndiensten, bedürfen der Genehmigung.

Die Dienste können mit Ausnahme von Notfällen durch taugliche Stellvertreter abgeleistet werden.

Die Gemeinde kann gestatten, daß an Stelle des Naturaldienstes ein angemessener Geldbeitrag geleistet wird.

Die gemäß § 38 dieses Gesetzes von den Gemeindeabgaben ganz oder teilweise freigelassenen Steuerpflichtigen können nach Maßgabe der Bestimmung des Absatzes 2 zu Naturaldiensten herangezogen werden.

Die in §§ 40, 41, 42 aufgeführten Personen sind von Naturaldiensten, soweit diese nicht auf den ihnen gehörigen Grundstücken lasten, befreit; untere Kirchendiener insoweit, als ihnen diese Befreiung seither rechtsgiltig zustand.

Die Bestimmung schließt sich im wesentlichen an § 18 der Landgemeindeordnung vom 3. Juli 1891 an. In der That wird sich das Bedürfnis nach Naturaldiensten der Steuerpflichtigen fast ausschließlich in ländlichen Ortschaften mit vorwiegender Naturalwirtschaft herausstellen. Im Anschlusse an den Sprachgebrauch des A. L.-R. II, 7, dessen Bestimmungen bis vor kurzem für die Landgemeinden der östlichen Provinzen in Kraft standen, scheidet das Gesetz die Naturaldienste in Hand- und Spanndienste. Der Begriff der letzteren ist ohne weiteres klar. Es sind die mit einem Gespanne zu leistenden Dienste, welche selbstverständlich auch nur den Besitzern von Gespannen auferlegt werden können. Die

Handdienste umfassen dagegen nicht, wie der Wortlaut anzudeuten scheint, lediglich die mit der Hand zu leistenden Dienste, sondern persönliche Dienste überhaupt, z. B. auch Botengänge.

Der Umfang der Naturaldienstpflicht deckt sich nicht vollständig mit der Steuerpflicht. Einerseits können die wegen zu geringen Einkommens von Gemeindesteuern befreiten Personen gleichwohl zu Naturaldiensten herangezogen werden. Andrerseits sind nicht nur die aus sonstigen Gründen von der Einkommensteuerpflicht befreiten Personen (§ 40), sondern auch die Beamten, deren Witwen und Waisen und die Militärpersonen den Naturaldiensten nicht unterworfen.

Die Naturaldienste können durch die Gemeinde nur eingeführt werden im wirtschaftlichen Interesse der Gemeinde, nicht dagegen für die Kommunalverwaltung fremde, z. B. polizeiliche Zwecke wie den Feuerlöschdienst. Solche Dienste können nur, soweit es gesetzlich gestattet ist, durch die Polizeibehörde gefordert werden.

Wenn die Gemeinde die Ablösung der Naturaldienste durch Geld gestattet und hiervon in starkem Maße Gebrauch gemacht wird, so dürfte dies ein Beweis sein, daß die Naturaldienste für die Gemeinde nicht mehr passen und besser aufzugeben sind.

Fünfter Titel.

Rechtsmittel.

§ 69.

Dem Abgabepflichtigen steht gegen die Heranziehung (Veranlagung) zu Gebühren, Beiträgen, Steuern und Naturaldiensten der Einspruch zu. Das Rechtsmittel ist binnen einer Frist von vier Wochen bei dem Gemeindevorstande einzulegen.

Der Lauf der Frist beginnt:

1. soweit die Bekanntmachung durch Auslegung der Hebelisten erfolgt ist, mit dem ersten Tage nach Ablauf der Auslegungsfrist;
2. soweit eine besondere Mitteilung vorgeschrieben ist, mit dem ersten Tage nach erfolgter Mitteilung;
3. in allen übrigen Fällen mit dem ersten Tage nach der Aufforderung zur Zahlung bezw. Leistung.

Einsprüche, welche sich gegen den der Veranlagung zu Grunde liegenden Staatssteuersatz (§§ 26, 30, 36, 38) und bei besonderen Gemeindeeinkommensteuern (§ 37) gegen die Höhe des zur Staatseinkommensteuer veranlagten Einkommens richten, sind unzulässig.

Vorstehende Bestimmungen finden sinngemäße Anwendung auf Einsprüche wegen Heranziehung oder Veranlagung von Grundbesitzern, Gewerbetreibenden und Einwohnern eines Gutsbezirkes zu den öffentlichen Lasten desselben.

Das Reklamationsverfahren entspricht im wesentlichen dem bisherigen Rechte. Vgl. §§ 18, 34 Zust.-Ges., § 37 Landgem.-Ordn. vom 3. Juli 1891.

Das Verfahren findet statt bezüglich aller Gebühren, worunter jedoch hier nur die öffentlichrechtlichen zu verstehen sind — vgl. Anm. zu § 4 —, bezüglich sämtlicher Beiträge, obgleich dieselben einen privatrechtlichen Charakter haben — vgl. Anm. zu § 9 — und deshalb die bisherige Judikatur des O.-V.-G. in diesen Fällen, z. B. gegenüber den Kurtaxen, nur den ordentlichen Rechtsweg zuließ, und endlich bezüglich aller Steuern und Naturaldienste.

Neu ist die Einführung einer bloß vierwöchigen Einspruchsfrist. Diese Frist beginnt mit dem Tage der Mitteilung von der Heranziehung zu der Last, ist also verschieden, je nachdem diese Mittheilung durch eine allgemeine Auslegung oder durch eine besondere Zustellung an den Verpflichteten erfolgt ist.

Daß die gegenüber kommunalen Abgaben gegebenen Rechtsmittel sich nicht gegen die Prinzipalsätze der staatlich veranlagten Steuern richten können, sondern in dieser Hinsicht die besonderen Rechtsmittel der betreffenden Steuergesetze eingelegt werden müssen, entspricht schon dem bisherigen Rechte. Es ergiebt sich hieraus nur jetzt nach dem Verzichte des Staates auf die Realsteuern der eigentümliche Zustand, daß, soweit es sich um die staatlich veranlagte Grund-, Gebäude- und Gewerbesteuer handelt, der Steuerpflichtige gegenüber der rein kommunalen Abgabe unter Umständen ein doppeltes Rechtsmittel einlegen muß, einmal gegen die Prinzipalveranlagung und außerdem gegen die kommunalen Zuschläge.

Da die kommunalen Lasten innerhalb des Gutsbezirkes regelmäßig von dem Gutsbesitzer getragen werden, so kann von Anwendung des

Reklamationsverfahrens auf die Gutsbezirke nur ausnahmsweise in denjenigen Fällen die Rede sein, in denen Einwohner des Gutsbezirkes unmittelbar zu kommunalen Lasten herangezogen werden. Vgl. z. B. § 53 und Anm. dazu.

§ 70.

Über den Einspruch beschließt der Gemeindevorstand.

Gegen den Beschluß steht dem Pflichtigen binnen einer, mit dem ersten Tage nach erfolgter Zustellung beginnenden Frist von zwei Wochen die Klage im Verwaltungsstreitverfahren offen. Zuständig in erster Instanz ist für Landgemeinden (Gutsbezirke) der Kreisausschuß, für Stadtgemeinden der Bezirksausschuß. Der Gemeindevorstand kann zur Wahrnehmung der Rechte der Gemeinde einen besonderen Vertreter bestellen. Gegen die Entscheidung des Bezirksausschusses bei Stadtgemeinden ist nur das Rechtsmittel der Revision zulässig.

Der Entscheidung im Verwaltungsstreitverfahren unterliegen desgleichen Streitigkeiten zwischen Beteiligten über ihre in dem öffentlichen Rechte begründete Verpflichtung zu den im § 69 Absatz 1 bezeichneten Lasten.

Das hier geregelte weitere Verfahren bei Kommunalsteuerreklamationen entspricht vollständig dem bisherigen Rechte. Vgl. §§ 18, 21, 34 Zust. Ges., § 38 Landgem.-Ordn. vom 3. Juli 1891.

Abs. 3 behandelt dagegen einen besonderen, in § 69 noch nicht vorgesehenen Fall, daß nämlich nicht die Gemeindelast an sich bestritten, sondern nur zwischen verschiedenen Beteiligten zweifelhaft ist, wem von ihnen nach öffentlichem Rechte die Verpflichtung obliegt. In diesem Falle scheidet die Gemeinde als beteiligter Faktor überhaupt aus, und findet auch keine Beschlußfassung seitens des Gemeindevorstandes, sondern es wird — ebenfalls in Übereinstimmung mit dem bisherigen Rechte — sofort das Verwaltungsstreitverfahren unter den Beteiligten eröffnet.

§ 71.

Über die Verteilung gemeindesteuerpflichtiger Einkommen auf eine Mehrzahl steuerberechtigter (Wohnsitz-, Aufenthalts-, Belegenheits-, Betriebs-) Gemeinden gemäß den Vorschriften dieses Gesetzes (§§ 47 bis 51 in Verbindung mit §§ 33 und 52) beschließt auf Antrag des Steuerpflichtigen unter Zugrundelegung der Einschätzung der einzelnen Gemeinden der Kreisausschuß und, soweit die Stadt Berlin oder andere Stadtgemeinden in Betracht kommen, der Bezirksausschuß nach Anhörung sämmtlicher Beteiligten.

Der Antrag des Steuerpflichtigen, welcher binnen der Frist von vier Wochen, vom Tage der Bekanntmachung der Steuer (§ 65) seitens der zweiten oder einer weiteren, eine Steuerforderung erhebenden Gemeinde ab gerechnet, zu stellen ist, tritt an die Stelle des Einspruches gegen die Heranziehung (Veranlagung) zu den bezüglichen Steuern in jeder einzelnen der beteiligten Gemeinden (§ 69).

Der Kreis- (Bezirks-) Ausschuß hat nach verhandelter Sache den auf jede Gemeinde entfallenden Teil des steuerpflichtigen Einkommens und den von demselben zn entrichtenden Steuerbetrag festzusetzen.

Zutreffenden Falles kommen die Bestimmungen des § 58 des Gesetzes über die allgemeine Landesverwaltung vom 30. Juli 1883 dahin zur Anwendung, daß auch in den Fällen, in welchen die Stadt Berlin beteiligt ist, der Minister des Innern den Bezirksausschuß bestimmt, welcher zu beschließen hat.

Bei einer mehrfachen Besteuerung derselben Person in verschiedenen Gemeinden blieb es bisher dieser überlassen, soweit sie durch die Veranlagung die gesetzlichen Bestimmungen über die Doppelbesteuerung für verletzt erachtete, gegenüber jeder einzelnen Veranlagung die gesetzlichen Rechtsmittel einzulegen. An deren Stelle tritt jetzt ein einheitliches Verteilungsverfahren auf Antrag des Steuerpflichtigen, welches mehrfache Reklamationen überflüssig macht.

Zuständig ist der Kreisausschuß oder, soweit Stadtgemeinden in Betracht kommen, der Bezirksausschuß im Beschlußverfahren. Welcher Kreis-, bezw. Bezirksausschuß zuständig ist, wird hier nicht bestimmt, sondern beantwortet sich nach den allgemeinen Vorschriften des § 57 des Landesverwaltungsgesetzes vom 30. Juli 1883. Nur bei einer Beteiligung der Stadt Berlin bestimmt der Minister des Innern in jedem einzelnen Falle auf Antrag des Beteiligten den zur Entscheidung berufenen Bezirksausschuß.

Das Beschlußverfahren tritt an die Stelle der Einzelreklamationen. Der Beschluß bestimmt daher positiv die Verteilung des steuerpflichtigen Einkommens auf die beteiligten Gemeinden.

§ 72.

Gegen den Beschluß des Kreis- (Bezirks-) Ausschusses findet binnen einer Frist von zwei Wochen der Antrag auf mündliche Verhandlung im Verwaltungsstreitverfahren statt. In den Fällen, in welchen der § 58 a. a. O. zur Anwendung kommt, ist für das Verwaltungsstreitverfahren derjenige Kreis- (Bezirks-) Ausschuß zuständig, welcher in Ansehung des Beschlußverfahrens für zuständig erklärt worden war.

Der Antrag auf mündliche Verhandlung im Verwaltungsstreitverfahren steht sowohl dem Steuerpflichtigen, als auch einer jeden Gemeinde zu, auf deren Steuerforderung sich der Beschluß erstreckt, und richtet sich gegen sämtliche Beteiligte, deren Teilverhältnis durch den von dem Kläger verfolgten Anspruch berührt wird.

Der § regelt das weitere Verfahren für den in § 71 vorausgesetzten Fall. Nachdem der Kreis- bezw. Bezirksausschuß beschlossen hat, steht sowohl dem Steuerpflichtigen wie jeder beteiligten Gemeinde der Antrag auf mündliche Verhandlung im Verwaltungsstreitverfahren zu.

Zuständig für dieses Verfahren ist derjenige Kreis-, bezw. Bezirksausschuß, welcher den Beschluß gefaßt hatte.

In diesem Verwaltungsstreitverfahren erscheinen als Beteiligte der Steuerpflichtige und alle diejenigen Gemeinden, deren Teilungsverhältnis angefochten wird. Die Klägerrolle hat derjenige, welcher gegenüber dem Beschlusse auf mündliche Verhandlung im Verwaltungsstreitverfahren angetragen hat. Alle übrigen Beteiligten nehmen dagegen die Stellung der Beklagten ein.

Der Antrag der Klage darf nicht weiter gehen als der in dem vorherigen Einspruchsverfahren. Vgl. Entsch. des O.-V.-G. vom 30. November 1885, Bd. 12, S. 99, vom 8. November 1887. Bd. 15, S. 112.

§ 73.

Wird während schwebenden Beschluß- oder Verwaltungsstreitverfahrens eine weitere Forderung auf Zahlung von Gemeindesteuer in Ansehung des dem Verfahren unterliegenden Einkommens erhoben, so hat der Steuerpflichtige binnen der Frist von vier Wochen, vom Tage der Bekanntmachung der bezüglichen Steuerforderung (§ 65) abgerechnet, deren Einbeziehung in das schwebende Verfahren bei derjenigen Behörde zu beantragen, bei welcher die Sache anhängig ist. In diesem Verfahren ist alsdann gleichzeitig auch über die später erhobene Steuerforderung zu beschließen oder zu entscheiden.

Da im Eingange sowohl von dem schwebenden Beschluß, als auch Streitverfahren die Rede ist, so muß unter der Behörde, bei welcher die Sache anhängig ist, nicht nur die Beschlußbehörde, sondern auch das Verwaltungsgericht verstanden werden. Taucht also der neue Anspruch erst dann auf, wenn bereits das Verwaltungsstreitverfahren schwebt, so bedarf es über die weitere Forderung einer besonderen Beschlußfassung nicht, sondern sie ist auf Antrag des Steuerpflichtigen sofort in das schwebende Verwaltungsstreitverfahren mit einzubeziehen.

§ 74.

Wird nach rechtskräftig entschiedener Sache eine weitere Steuerforderung in Ansehung des Einkommens erhoben, welches den Gegenstand des früheren Verfahrens gebildet hat, so finden die vorstehenden Bestimmungen (§§ 71 bis 73) sinngemäße Anwendung mit der Maßgabe, daß derjenige Kreis- (Bezirks-) Ausschuß, welcher in dem ersten Verfahren beschlossen und entschieden hat, auch für das zweite Verfahren zuständig ist, und daß das rechtskräftig festgesetzte Anteilsverhältnis der bei dem ersten Verfahren nicht mehr geändert, in dem letzteren vielmehr nur noch darüber beschlossen und entschieden werden kann, welchen Betrag die früher aufgetretenen Steuergläubiger dem später aufgetretenen nach dem durch das rechtskräftige Urteil für sie festgesetzten Anteilsverhältnisse zu erstatten haben.

Es wird hier der Fall behandelt, daß eine rechtzeitige Einbeziehung der neu auftauchenden Forderung in das schwebende Beschluß- oder Verwaltungsstreitverfahren nicht mehr möglich erscheint, weil dieses bereits abgeschlossen ist. Hier entsteht insofern eine Schwierigkeit, als bereits eine rechtskräftige Entscheidung vorliegt. Gleichwohl muß auch in diesem Falle eine Berücksichtigung der neuen Steuerforderung stattfinden. Es wird daher in diesem Ergänzungsverfahren das Anteilsverhältnis der bisherigen Steuergläubiger nicht mehr geändert, sondern ihnen nur die Verpflichtung zur anteilweisen Befriedigung des neu auftretenden Steuergläubigers auferlegt.

§ 75.

Durch Einspruch und Klage wird die Verpflichtung zur Zahlung oder Leistung nicht aufgeschoben.

Der Grundsatz entspricht dem bisherigen Rechte. Die sonst für das Beschluß- wie Verwaltungsstreitverfahren geltende Regel, daß die Einlegung des Rechtsmittels die Durchführung der angefochtenen Anordnung hemmt, wird damit auf dem Gebiete des Kommunalsteuerwesens durchbrochen.

§ 76.

Gegen die Feststellung des Gesamtsteuersatzes für einen Gewerbebetrieb, der sich über mehrere Gemeinden erstreckt und nicht zur Staatsgewerbesteuer, aber gemäß § 28 Nr. 2—6 zur Gemeindegewerbesteuer herangezogen wird (§ 32), finden dieselben Rechtsmittel statt, die im Falle der Veranlagung dieses Betriebes zur Staatsgewerbesteuer gegeben sein würden (§§ 35—37 des Gewerbesteuergesetzes vom 24. Juni 1891).

Desgleichen finden auch in diesem Falle hinsichtlich der Zerlegung des Steuersatzes in die auf die einzelnen Betriebsorte entfallenden Teilbeträge die im § 38 a. a. O. wegen der Rechtsmittel getroffenen Vorschriften Anwendung.

Es gilt dies für die Ausdehnung der kommunalen Gewerbesteuerpflicht im Vergleiche zu der bisherigen staatlichen, aber nur dann, wenn die Gewerbesteuer in der Form von kommunalen Zuschlägen zu der staatlich veranlagten Steuer, nicht wenn sie als besondere kommunale Abgabe erhoben wird, da in letzterem Falle das gegen Staatssteuern eröffnete Reklamationsverfahren überhaupt nicht Platz greift.

Sechster Titel.

Aufsicht.

§ 77.

Für die Erteilung der in diesem Gesetze vorbehaltenen Genehmigungen ist nach Maßgabe der folgenden Bestimmungen bei Stadtgemeinden der Bezirksausschuß, bei Landgemeinden der Kreisausschuß zuständig.

Gegen den auf Beschwerde ergehenden Beschluß — bei Stadtgemeinden des Provinzialrats, bei Landgemeinden des Bezirksausschusses — steht dem Vorsitzenden dieser Behörde aus Gründen des öffentlichen Interesses die Einlegung der weiteren Beschwerde an die Minister des Innern und der Finanzen zu. Hierbei finden die Bestimmungen des § 123 des Gesetzes über die allgemeine Landesverwaltung vom 30. Juli 1883 Anwendung.

Die Genehmigung von Gemeindebeschlüssen, durch welche

a) besondere direkte oder indirekte Gemeindesteuern neu eingeführt oder in ihren Grundsätzen verändert,
b) Abweichungen von den im § 54 vorgeschriebenen Verteilungsregeln,
c) Zuschläge über den vollen Satz der Staatseinkommensteuer hinaus (§ 55) angeordnet werden,

bedarf der Zustimmung der Minister des Innern und der Finanzen. Den Ministern ist gestattet, die Erteilung der Zustimmung auf die ihnen untergeordneten Aufsichtsbehörden höherer Instanz zu übertragen.

Die Erteilung der Genehmigung kann auf eine von vornherein zu bestimmende Frist von einem oder mehreren Jahren beschränkt werden.

Die Genehmigung der Gemeindebeschlüsse ist nur in den Fällen erforderlich, in denen das Gesetz sie ausdrücklich verlangt. Die genehmigende Behörde hat dabei sowohl die Gesetzmäßigkeit als die Zweckmäßigkeit des Gemeindebeschlusses innerhalb der gesetzlichen Schranken zu prüfen und muß bei Mängeln in einer dieser beiden Richtungen die Genehmigung versagen.

Der vorliegende § bestimmt nur die für die Erteilung der Genehmigung zuständigen Behörden.

Die Formen des Verfahrens sind, soweit es sich um einen Kreis-, Bezirksausschuß oder Provinzialrat handelt, die in § 115 ff. des Landesverwaltungsgesetzes vom 30. Juli 1883 für das Beschlußverfahren vorgeschriebenen. Für die weitere Beschwerde an die Minister des Innern und der Finanzen mußte bloß deßhalb auf § 123 a. a. O. ausdrücklich Bezug genommen werden, weil es sich hierbei um ein besonderes, im Landesverwaltungsgesetze nicht vorgesehenes Rechtsmittel handelt. Es hat hiernach der Vorsitzende von seiner Absicht der Beanstandung dem Kollegium sofort Mitteilung zu machen. Die Zustellung des Beschlusses, welche vorläufig, auf höchstens drei Tage, ausgesetzt wird, erfolgt mit der Eröffnung, daß im öffentlichen Interesse Beschwerde eingelegt sei. Die Gründe sind den Beteiligten zur Gegenerklärung binnen zwei Wochen mitzuteilen, worauf erst die Einreichung der Akten an die Beschwerdeinstanz erfolgt, und eine vorläufige Vollstreckung des angefochtenen Beschlusses findet nicht statt.

Aufsichtsbehörden höherer Instanz sind die Oberpräsidenten für die Städte, die Regierungspräsidenten für das flache Land.

§ 78.

Bestehen bei dem Inkrafttreten des Gesetzes in einzelnen Gemeinden Ordnungen über die Aufbringung von Gebühren, Beiträgen, indirekten, direkten Steuern oder Diensten, welche den Vorschriften dieses Gesetzes zuwiderlaufen, oder werden derartige Gemeindebeschlüsse gefaßt, so ist die Aufsichtsbehörde befugt, deren Abänderung oder Ergänzung unter Angabe der Gründe anzuordnen.

Dieselbe Befugnis steht der Aufsichtsbehörde zu, wenn die Abstufungen des Grundbesitzes, nach welchen die Steuer umgelegt wird (§ 25), wegen wesentlicher Veränderungen der Besitzverhältnisse zur Grundlage der Besteuerung nicht mehr geeignet sind und ein Antrag auf Abänderung oder Ergänzung von der Mehrheit der einer Abstufung angehörigen Steuerpflichtigen gestellt wird.

Die Einführung neuer und die Erhöhung bestehender indirekter Steuern darf nicht angeordnet werden.

Gegen die Anordnung findet innerhalb vier Wochen nach Ablauf der in derselben gestellten Frist die Klage im Verwaltungsstreitverfahren, für Landgemeinden bei dem Bezirksausschusse, für Stadtgemeinden bei dem Oberverwaltungsgerichte statt.

Wird die Klage innerhalb dieser Frist nicht erhoben, so ist die Aufsichtsbehörde befugt, die in Ansehung der Aufbringung der Gebühren, Beiträge, indirekten, direkten Steuern oder Dienste erforderliche Ordnung auf Grundlage der erlassenen Verfügung selbst festzustellen. Das Gleiche gilt für den Fall der rechtskräftigen Abweisung der Klage. Wird die Klage endgiltig für begründet erkannt, so tritt die Anordnung außer Kraft.

Sofern das öffentliche Interesse es erheischt, beschließt im Falle der Erhebung der Klage über die vorläufige Ordnung des Steuerwesens bis zur rechtskräftigen Entscheidung für Landgemeinden der Kreisausschuß, für Stadtgemeinden der Bezirksausschuß.

Während § 77 die regelmäßigen Formen für die Bethätigung des staatlichen Aufsichtsrechtes festsetzt, bezieht sich § 78 vorwiegend auf die Übergangszeit. Nach § 96 Abs. 4 sollen die bestehenden Ordnungen über die Kommunalsteuern bis auf weiteres bestehen bleiben. Nur die Mietsund Wohnungssteuern sind nach § 23 Abs. 4 sofort den Anforderungen des Gesetzes gemäß umzugestalten, und die Beibehaltung besonderer Gemeindeeinkommensteuern ist nach § 37 Abs. 2 nur mit besonderer ministerieller Genehmigung zulässig. Wenn hiernach der Übergang zu der neuen gesetzlichen Kommunalsteuerverfassung in möglichst schonenden Formen vorbehalten ist, so konnte es doch nicht dem Ermessen der Gemeinden überlassen bleiben, die Wirkungen des Gesetzes zum Teil zu vereiteln, indem sie ihre bisherige Steuerverfassung einfach bestehen lassen. Hier greift das in § 78 geregelte außerordentliche Kontrollrecht der Aufsichtsbehörden statt. Dieses ist aber auch für die spätere Zeit insoweit von Bedeutung, als die Gemeindebehörden gesetzwidrige Beschlüsse in den Fällen fassen, in denen es einer Genehmigung der Aufsichtsbehörden nicht bedarf, und deßhalb auch dem gesetzwidrigen Akte nicht durch Versagung der Genehmigung entgegengetreten werden kann. In beiden Fällen kann von den Aufsichtsbehörden auf Grund dieses § nur die Gesetzwidrigkeit, nicht die bloße Zweckwidrigkeit gerügt werden. Deshalb ist auch hier das weitere Verfahren — im Gegensatze zu § 77 — nicht das Beschlußverfahren, sondern das Verwaltungsstreitverfahren. Die Beschlußfassung gemäß Abs. 6 erstreckt sich nur auf die Regelung des vorläufigen Zustandes.

Siebenter Titel.

Strafen.

§ 79.

Wer in der Absicht der Steuerhinterziehung an zuständiger Stelle auf die an ihn gerichteten Fragen oder bei der Begründung eines Einspruchs unrichtige oder unvollständige Angaben macht, wird mit dem vier- bis zehnfachen Betrage der stattgehabten oder beabsichtigten Verkürzung, mindestens aber mit einer Geldstrafe von 100 Mark bestraft.

Ist eine unrichtige oder unvollständige Angabe, welche geeignet ist, eine Verkürzung der Steuer herbeizuführen, zwar wissentlich, aber nicht in der Absicht der Steuerhinterziehung erfolgt, so tritt Geldstrafe von 3 bis 100 Mark ein.

Straffrei bleibt, wer seine unrichtige oder unvollständige Angabe, bevor Anzeige erfolgt oder eine Untersuchung eingeleitet ist, an zuständiger Stelle berichtigt oder ergänzt und die vorenthaltene Steuer in der ihm gesetzten Frist entrichtet.

Die Strafbestimmungen schließen sich im allgemeinen an diejenigen des Einkommensteuergesetzes vom 24. Juni 1891 an, sind jedoch insofern milder, als der Verlust der gesetzlichen Rechtsmittel nicht als Folge der falschen Angabe ausgesprochen wird.

Die Anwendbarkeit des Abs. 1 erfordert den Nachweis von drei Thatsachen, einmal, daß der zuständigen Behörde falsche Angaben auf Fragen oder bei Begründung eines Einspruchs gemacht sind, zweitens, daß die betreffende Person die Unrichtigkeit ihrer Angaben kannte, also wissentlich handelte, und drittens, daß sie die Absicht der Steuerhinterziehung dabei hatte.

Fällt das letztere Merkmal fort, während die beiden anderen vorhanden sind, so greift die Strafbestimmung des Abs. 2 Platz.

Dagegen sind falsche Angaben, die nur auf Fahrlässigkeit beruhen, nicht strafbar.

Die in Absatz 3 vorgesehene Straffreiheit bezieht sich sowohl auf den Fall des Abs. 1 wie des Abs. 2. Voraussetzung ist dabei nicht nur Berichtigung der falschen Angabe vor Erstattung der Anzeige oder Einleitung der Untersuchung, sondern auch die thatsächliche Entrichtung der vorenthaltenen Steuer. Es würde daher die Straffreiheit nicht eintreten können, falls der Steuerpflichtige — mit oder ohne sein Verschulden — inzwischen zur Zahlung der Steuer unvermögend geworden ist.

§ 80.

Der Gemeindevorstand bezw. die Mitglieder des Gemeindevorstandes, die Mitglieder der Steuerausschüsse sowie die bei der Veranlagung beteiligten Gemeindebeamten werden, wenn sie die zu ihrer Kenntnis gelangten Erwerbs-, Vermögens- oder Einkommensverhältnisse eines Steuerpflichtigen, insbesondere auch den Inhalt einer Auskunftserteilung (§ 63) oder der darüber gepflogenen Verhandlungen unbefugt offenbaren, mit Geldstrafe bis zu 1500 Mark oder mit Gefängnis bis zu drei Monaten bestraft.

Die Verfolgung findet nur auf Antrag des Gemeindevorstandes oder des Steuerpflichtigen bezw. dessen Vertreters statt. Ist das Vergehen von dem Gemeindevorstande oder von Mitgliedern des Gemeindevorstandes begangen, so ist auch die Aufsichtsbehörde zur Stellung des Antrages berechtigt.

Die dem Gemeindevorstande und den Mitgliedern der Steuerausschüsse obliegende Verpflichtung zur Verschwiegenheit findet hier ihren strafrechtlichen Schutz. Unabhängig neben dem Strafverfahren geht das Disciplinarverfahren einher. Dasselbe ist aber selbstverständlich nur insoweit zulässig, als es sich um Beamte handelt, d. h. bei den Mitgliedern des Gemeindevorstandes. Hinsichtlich ihrer schließt nach den allgemeinen Grundsätzen des Disciplinarrechtes selbst die rechtskräftige gerichtliche Verurteilung oder Freisprechung die disciplinare Ahndung derselben That nicht aus.

Der Antrag, welcher nach § 61 Str.-G.-B. binnen drei Monaten vom Tage der Kenntnis des Vergehens gestellt werden muß, ist lediglich für das gerichtliche, nicht dagegen für das disciplinare Verfahren erforderlich. Letzteres kann daher auch noch nach Ablauf der Antragsfrist stattfinden.

§ 81.

Die auf Grund der §§ 79 und 80 festgesetzten, aber unbeitreiblichen Geldstrafen sind nach Maßgabe der für Übertretungen geltenden Bestimmungen der §§ 28 und 29 des Strafgesetzbuches für das Deutsche Reich in Haft umzuwandeln.

Die Untersuchung und Entscheidung in betreff der im § 79 bezeichneten strafbaren Handlungen steht dem Gerichte zu, wenn nicht der Beschuldigte die von dem Gemeindevorstande vorläufig festgesetzte Geldstrafe nebst den durch das Verfahren gegen ihn entstandenen Kosten binnen einer ihm bekannt gemachten Frist freiwillig an die Gemeindekasse zahlt.

Hat der Beschuldigte in Preußen keinen Wohnsitz, so erfolgt das Einschreiten des Gerichts ohne vorläufige Festsetzung der Strafe durch den Gemeindevorstand. Dasselbe findet statt, wenn der Gemeindevorstand aus sonstigen Gründen von der vorläufigen Festsetzung der Strafe Abstand zu nehmen erklärt oder der Angeschuldigte hierauf verzichtet.

Bei Zuwiderhandlungen wegen der Verpflichtung zur Geheimhaltung (§ 80) findet nur das gerichtliche Strafverfahren statt.

An die Stelle von je 3—15 Mk. Geldstrafe tritt ein Tag Freiheitsstrafe, der Höchstbetrag der Haft ist jedoch 6 Wochen. Vgl. § 29 Str.-Ges.-B.

Das Verfahren gemäß Abs. 2 vor der Gemeindebehörde weicht insofern von den administrativen Strafbescheiden der Steuerbehörden nach §§ 459 ff. Str.-Pr.-O. ab, als die Entscheidung der Gemeindebehörde niemals die Wirkung eines richterlichen Urteils für sich beansprucht, eine Wirkung, die nur durch den Antrag auf gerichtliche Entscheidung ausgeschlossen werden könnte. Vielmehr erhält die Entscheidung der Gemeindebehörde nur dann Rechtswirkung, wenn der Schuldige freiwillig die Strafe nebst Kosten zahlt. Andernfalls muß auch ohne seinen Antrag das gerichtliche Strafverfahren eingeleitet werden, weil er sonst überhaupt straflos bleiben würde. Denn die Entscheidung der Gemeindebehörde entzieht sich der Zwangsvollstreckung überhaupt. Vgl. dagegen Anm. zu § 82.

§ 82.

In den Steuerordnungen können Strafen gegen Zuwiderhandlungen bis zur Höhe von 30 Mark angedroht werden.

Die Strafen sind durch den Gemeindevorstand festzusetzen und nach eingetretener Rechtskraft (§ 459 der Strafprozeßordnung vom 1. Februar 1877, Reichs-Gesetzbl. S. 253) im Verwaltungszwangsverfahren beizutreiben.

Die Strafen der Steuerordnungen dürfen sich nur über solche Handlungen und Unterlassungen erstrecken, die nicht bereits gesetzlich unter Strafe gestellt sind.

Das Straffestsetzungsrecht ist in diesem Falle das durch § 459 ff. Str.-Pr.-O. vorgesehene. Der Strafbescheid, der hinsichtlich der Verjährung wie eine richterliche Handlung wirkt, muß daher die strafbare Handlung, das angewendete Strafgesetz und die Beweismittel bezeichnen, sowie eine Belehrung über die zulässigen Rechtsmittel enthalten, er darf nur Geldstrafe festsetzen, da die in § 459 Str.-Pr.-O. außerdem zugelassene Einziehung hier gesetzlich nicht vorgesehen ist. Die gegen den Strafbescheid zulässigen Rechtsmittel sind je nach der Wahl des Beschuldigten Beschwerde an die höhere Verwaltungsbehörde, in diesem Falle die Aufsichtsinstanz oder der Antrag auf gerichtliche Entscheidung, der binnen einer Woche nach der Bekanntmachnng bei dem Gemeindevorstande zu stellen ist. Wird das letztere Rechtsmittel gewählt, so geht das Verfahren in den gewöhnlichen gerichtlichen Strafprozeß über.

Die Beitreibung der Strafen durch den Gemeindevorstand im Verwaltungszwangsstrafverfahren hat auch dann zu erfolgen, wenn ein gerichtliches Verfahren stattgefunden hat.

Nur die Verwandlung einer nicht beitreibbaren Geldstrafe in eine Freiheitsstrafe und deren Vollstreckung erfolgt durch die Organe der Rechtspflege. Vgl. § 463.

Achter Titel.

Nachforderungen und Verjährungen.

§ 83.

Die Einziehung hinterzogener direkter Steuern (§ 79) zur Gemeindekasse erfolgt neben und unabhängig von der Strafe.

Die Verbindlichkeit zur Nachzahlung der Steuer verjährt in zehn Jahren und geht auf die Erben, jedoch für diese mit einer Verjährungsfrist von fünf Jahren und nur auf Höhe ihres Erbanteils, über. Die Verjährung beginnt mit Ablauf des Rechnungsjahres, in welchem die Hinterziehung begangen wurde.

Die Festsetzung der Nachsteuer steht dem Gemeindevorstande zu, gegen dessen Beschluß nach Maßgabe der §§ 69, 70 der Einspruch und die Klage im Verwaltungsstreitverfahren zulässig sind.

Die Einziehung der Steuer erfolgt auch dann, wenn die Strafe nach einem Vielfachen der hinterzogenen Steuer bemessen wird.

Die Steuerstrafe kann gegen die Erben nur vollstreckt werden, wenn das Urteil bei Lebzeiten des Verurteilten rechtskräftig geworden war.

§ 84.

Steuerpflichtige, welche entgegen den Vorschriften dieses Gesetzes oder der auf Grund desselben erlassenen Steuerordnungen bei der Veranlagung direkter Gemeindesteuern übergangen oder steuerfrei geblieben sind, ohne daß eine strafbare Hinterziehung der Steuer stattgefunden hat (§§ 79, 83), sind zur Entrichtung des der Gemeindekasse entzogenen Betrages verpflichtet. Die Verpflichtung erstreckt sich auf die drei Rechnungsjahre zurück, welche dem Rechnungsjahre, in dem die Verkürzung festgestellt worden, vorausgegangen sind.

Die Verpflichtung zur Zahlung der Nachsteuer geht auf die Erben, jedoch nur bis zur Höhe ihres Erbanteils, über.

Die Veranlagung der Nachsteuer erfolgt einheitlich für den ganzen Zeitraum, auf welchen sich die Verpflichtung erstreckt, nach den Vorschriften dieses Gesetzes oder der maßgebenden Steuerordnungen.

Der Vorteil des Steuerpflichtigen im Vergleiche mit dem Falle des § 83 besteht in der kürzeren Verjährungsfrist und in der nur anteilsweisen Haftung der Erben.

§ 85.

Ist nach den Bestimmungen der §§ 67, 80 des Einkommensteuergesetzes vom 24. Juni 1891 eine Nachsteuer für den Staat festgesetzt, so haben die zur Entrichtung der Nachsteuer Verpflichteten gemäß den hierfür geltenden Vorschriften die entsprechenden Zuschläge an die Gemeinde nachzuzahlen.

Die Festsetzung der nachträglich zu entrichtenden Zuschläge

geschieht durch den Gemeindevorstand einheitlich für den ganzen Zeitraum, auf welchen sich die Verpflichtung erstreckt, nach den Vorschriften dieses Gesetzes oder der maßgebenden Steuerordnungen.

Bei der Verbindung der staatlichen und der kommunalen Einkommensteuer durch das Zuschlagssystem erscheint diese Bestimmung als selbstverständlich.

§ 86.

Hat infolge der Einlegung von Rechtsmitteln oder einer anderweiten Veranlagung (§ 57 des Einkommensteuergesetzes vom 24. Juni 1891) eine Erhöhung der ursprünglich vom Staate veranlagten Steuer stattgefunden (§ 30 Absatz 2, § 36 Absatz 3), so kann die hieraus entspringende Nachforderung der Gemeinde nur innerhalb der Frist von einem Jahre, welche mit dem Tage der ergangenen endgiltigen Entscheidung über die Erhöhung der Steuer beginnt, erhoben werden.

Voraussetzung ist die Erhebung von Abgaben nach dem Zuschlagssysteme. Die Bestimmung bezieht sich daher nicht nur auf die Gemeindeeinkommensteuer, sondern auch auf die staatlich veranlagten Realsteuern. Die aus der anderweiten Festsetzung der Prinzipalsteuer zu erhöhten Sätzen sich ergebende Erhöhung der Zuschläge ist bereits durch § 85 geregelt. Der vorliegende § setzt also das Nachforderungsrecht der Gemeinde als gegeben voraus und behandelt nur die Verjährungsfrist. Diese beginnt hier, abweichend von den Bestimmungen der §§ 83 und 84, nicht mit dem Ablaufe des betreffenden Jahres, sondern bereits mit dem Tage der endgiltigen Entscheidung über die Erhöhung der Steuer und ist auch dann nur eine einjährige.

§ 87.

Die Berechtigung der Gemeinden zur Nachforderung anderer Gemeindeabgaben als direkter Steuern beschränkt sich ohne Unterscheidung, ob die Abgabe gar nicht oder mit einem zu geringen Betrage erhoben worden ist,

1. bei Verbrauchsabgaben auf die Frist eines Jahres, vom Tage des Eintrittes der Zahlungsverpflichtung an gerechnet,
2. bei sonstigen indirekten Steuern, Gebühren und Beiträgen (§§ 4—11), sowie bei Kosten auf die Frist von drei

Jahren seit dem Ablaufe desjenigen Jahres, in welchem die Forderung entstanden ist.

Die Nachforderung von Naturaldiensten ist, sofern die Nachleistung nach den Zwecken der zu leistenden Dienste überhaupt noch möglich ist, auf die Dauer des laufenden Rechnungsjahres beschränkt.

Der § behandelt nur diejenigen Abgaben, welche nicht als direkte Steuern bereits in den vorhergehenden §§ erörtert sind. Hierbei kommen in Betracht indirekte Abgaben, Gebühren, Beiträge und Naturalleistungen. Bezüglich ihrer werden die Verjährungsfristen in verschiedener Weise festgesetzt. Zunächst werden unter den indirekten Steuern die Verbrauchssteuern, d. h. Abgaben auf Gegenstände des Verbrauchs hervorgehoben. Bezüglich ihrer besteht eine vom Tage des Eintritts der Zahlungsverpflichtung laufende einjährige Verjährungsfrist. Alle übrigen indirekten Steuern, wie Luxussteuern, Lustbarkeitssteuern (§ 15) und Hundesteuern (§ 16) werden mit Gebühren, Beiträgen und Kosten zusammengefaßt und einer dreijährigen erst mit Ablauf des Jahres der Entstehung der Forderung beginnenden Verjährungsfrist unterworfen. Die dritte Gattung bilden die Naturaldienste (§ 68). Bezüglich ihrer ist zunächst festzustellen, ob die Nachleistung überhaupt noch einen Zweck hat. Keinesfalls ist deren Verwandlung in eine Geldabgabe gegen den Willen des Verpflichteten zulässig. Liegt die Möglichkeit der Nachleistung überhaupt vor, so darf sie auch nur während der Dauer des laufenden Rechnungsjahres gefordert werden.

§ 88.

Zur Hebung gestellte Gemeindeabgaben und Kosten, welche im Rückstande verblieben oder befristet sind, verjähren in vier Jahren, von dem Ablaufe des Jahres an gerechnet, in welches der Zahlungstermin fällt.

Die Verjährung wird durch eine an den Pflichtigen erlassene Zahlungsaufforderung, durch Verfügung der Zwangsvollstreckung und durch Stundung unterbrochen.

Nach Ablauf des Jahres, in welchem die letzte Aufforderung zugestellt, die Zwangsvollstreckung verfügt oder die bewilligte Frist abgelaufen ist, beginnt eine neue vierjährige Verjährungsfrist.

Die Bestimmungen der §§ 83—87 hatten sämtlich den Fall zur Voraussetzung, daß die Forderung der Abgabe aus irgend welchem Grunde überhaupt nicht erfolgt war. Es handelte sich also dabei um Nachforderungen und deren Verjährung. Im vorliegenden Falle ist dagegen die Abgabe bereits zur Hebung gestellt, aber nicht gezahlt, sondern im Rückstande geblieben oder befristet. In diesem Falle beginnt, ungeachtet, welches die Verjährungsfristen unter den Voraussetzungen der §§ 83—87 sein mögen, mit Ablauf des Jahres eine vierjährige Verjährungsfrist. Lediglich diese Verjährungsfrist, nicht aber diejenigen der §§ 83—87, wird durch Zahlungsaufforderung, Anordnung der Zwangsvollstreckung und Stundung unterbrochen. Mit Ablauf des Jahres, in dem die letzte Unterbrechungshandlung stattgefunden hat, oder für welches noch Frist bewilligt war, beginnt dann der Lauf der gleichen Verjährungsfrist unter denselben Vorbedingungen noch einmal.

Neunter Titel.

Kosten- und Zwangsvollstreckung.

§ 89.

Die Kosten der Veranlagung und Erhebung der Abgaben fallen, insoweit hierüber nicht durch § 14 des Gesetzes wegen Aufhebung direkter Staatssteuern anderweitige Bestimmung getroffen ist, der Gemeindekasse zur Last. Jedoch sind diejenigen Kosten, welche durch die gelegentlich eines Einspruches erfolgenden Ermittelungen veranlaßt werden, von dem Abgabenpflichtigen zu erstatten, wenn sich seine Angaben in wesentlichen Punkten als unrichtig erweisen. Die Festsetzung dieser Kosten kann nur in der Entscheidung über den Einspruch erfolgen.

Die Veranlagung der Grund-, Gebäude- und Gewerbesteuer erfolgt nach §§ 3 Abs. 2, 4, 14 des Gesetzes wegen Aufhebung direkter Staatssteuern, soweit dazu nicht die Mitwirkung der Gemeinden in Anspruch genommen wird, auf Kosten der Staatskasse, der andererseits die Gebühren, Kosten und Strafen aus diesen Steuern zufließen. Nur bei Neumessungen ganzer Gemarkungen kann der Finanzminister von den beteiligten Gemeinden oder Grundbesitzern einen Beitrag verlangen und die Neumessung davon abhängig machen (§ 14 Abs. 3 a. a. O.). Ebenso sind die Kosten der Veranlagung zur Staatseinkommensteuer, soweit sich nicht der Staat der Hilfe der Gemeinden bedient, selbstverständlich vom Staate zu tragen. Alle Kosten der Steuerveranlagung und Erhebung, die hiernach nicht der Staatskasse zur Last fallen, sind von der Gemeinde zu tragen.

Eine Ausnahme ist nur hinsichtlich derjenigen Kosten gemacht, welche ein Steuerpflichtiger durch unrichtige Angaben gelegentlich eines Einspruches für Ermittlungen veranlaßt. In diesem Falle können die betreffenden Kosten dem Steuerpflichtigen auferlegt werden, der wissentlich unrichtige Angaben machte, aber nur in dem Beschlusse, welcher über den Einspruch Entscheidung trifft. Die Anfechtung dieser Festsetzung kann seitens des Steuerpflichtigen in derselben Weise erfolgen wie die Entscheidung in der Hauptsache, d. h. durch Erhebung der Klage im Verwaltungsstreitverfahren. Die Bestimmung des § 105 des Landesverwaltungsgesetzes vom 30. Juli 1883, wonach die Entscheidung über den Kostenpunkt nur gleichzeitig mit der Entscheidung in der Hauptsache durch Berufung oder Revision angefochten werden kann, greift in diesem Falle nicht Platz, da es sich nicht um eine Anfechtung durch Berufung oder Revision handelt.

§ 90.

Gebühren, Beiträge, Steuern und Kosten, sowie die nach einem von der Aufsichtsbehörde festgestellten Tarife erhobenen Vergütungen (Kurtaxen u. s. w.) unterliegen der Beitreibung im Verwaltungszwangsverfahren nach Maßgabe der Verordnung vom 7. September 1879 (Gesetz-Samml. S. 591).

Sind Naturaldienste zu leisten, so ist der Gemeindevorstand bei Säumnis der Pflichtigen befugt, die Dienste durch Dritte zu leisten und die entstehenden Kosten von den ersteren im Verwaltungszwangsverfahren beitreiben zu lassen.

Abs. 1 umfaßt eine wichtige Abänderung des bisherigen materiellen Rechtes. Bisher waren nur die öffentlichrechtlichen Abgaben der Beitreibung im Verwaltungszwangsverfahren unterworfen. Jetzt wird dasselbe, abgesehen von den Steuern, ausgedehnt auf alle Gebühren, Beiträge, Kosten, sowie die nach einem von der Aufsichtsbehörde festgestellten Tarife erhobenen Vergütungen. Da hiervon die Beiträge und die als Beispiel der Vergütungen aufgeführten Kurtaxen rein privatrechtliche Leistungen an die Gemeinde sind, so wird innerhalb des angegebenen gesetzlichen

Rahmens, wonach insbesondere die Vergütungen auf Grund der von den Aufsichtsbehörden festgestellten Taxen erhoben werden müssen, in Zukunft das Verwaltungszwangsverfahren auch für privatrechtliche Abgaben an die Gemeinde zulässig sein.

Dagegen ist es hinsichtlich des Verfahrens der Zwangsbeitreibung bei dem bestehenden Rechte geblieben. Die Anordnung der Beitreibung hat von dem Gemeindevorstande auszugehen.

Abs. 2 schließt sich an § 36 Abs. 2 der Landgemeindeordnung vom 3. Juli 1891 an. Ein unmittelbarer Zwang gegen den Verpflichteten zur Leistung der Dienste findet nicht statt, sondern die Leistung der Dienste durch einen Dritten und die demnächstige Einziehung der Kosten im Verwaltungszwangsverfahren von dem Verpflichteten bildet das einzige gesetzliche Zwangsmittel.

Theil II. Kreis- und Provinzialsteuern.

§ 91.

Die bestehenden Vorschriften über die Aufbringung der Kreis- und Provinzialsteuern bleiben mit folgenden Maßgaben unberührt:

1. Wie den Städten bleibt auch den Landgemeinden die Beschlußfassung darüber vorbehalten, in welcher Weise ihre Anteile an den Kreissteuern aufgebracht werden sollen.
2. Bei der Verteilung der Kreissteuern sind die Grund-, Gebäude- und die Gewerbesteuer der Klassen I und II in der Regel mit dem gleichen Betrage desjenigen Prozentsatzes heranzuziehen, mit welchem die Staatseinkommensteuer belastet wird.

   Mit Genehmigung des Bezirksausschusses kann der Betrag, mit welchem die Realsteuern heranzuziehen sind, bis auf das Anderthalbfache jenes Prozentsatzes erhöht oder bis auf die Hälfte desselben herabgesetzt werden.

   Die zur Ausführung der vorstehenden Bestimmungen erforderlichen Beschlüsse der Kreistage und Bezirksausschüsse können bereits innerhalb eines Jahres vor dem Inkrafttreten des gegenwärtigen Gesetzes gefaßt werden. Mit dem bezeichneten Zeitpunkte treten Maßstäbe für die Verteilung der Kreisabgaben, welche den Bestimmungen dieses Gesetzes nicht entsprechen oder die danach erforderliche Genehmigung nicht erhalten haben, außer Kraft.

3. Die Mehr- oder Minderbelastung einzelner Kreisteile mit Kreissteuern und einzelner Kreise mit Provinzialsteuern darf auch nach einem anderen Maßstabe, als nach Quoten der Kreissteuern beziehungsweise der direkten Staatssteuern erfolgen.

4. Insoweit juristische Personen, Gesellschaften u. s. w. zur Entrichtung der in Kreisen oder Provinzen vom Einkommen zu erhebenden Steuern verpflichtet sind, oder physische Personen in verschiedenen Kreisen beziehungsweise Provinzen solchen Steuern unterliegen, kommen bei Veranlagung der Pflichtigen die die Gemeindeeinkommensteuer betreffenden Vorschriften dieses Gesetzes sinnentsprechend zur Anwendung.

Die auf Grund der Einlegung von Rechtsmitteln erfolgte Erhöhung oder Ermäßigung der der Verteilung von Kreis- und Provinzialsteuern zu Grunde gelegten Staatssteuersätze zieht die entsprechende Abänderung der Veranlagung zu den Kreis- bezw. Provinzialsteuern nach sich.

Das Kommunalabgabengesetz beabsichtigt nur die Gemeindebesteuerung, nicht aber das Kreis- und Provinzialsteuerwesen erschöpfend zu regeln. Hinsichtlich des letzteren bleibt es also grundsätzlich bei dem bisherigen Rechte. Infolge des engen Zusammenhanges zwischen der Gemeinde-, Kreis- und Provinzialbesteuerung erschienen nur einige ergänzende Bestimmungen für Kreis- und Provinzialsteuern nötig, um sie an die Gemeindesteuerverfassung anzuschließen.

Nach der Kreisordnung vom 13. Dezember 1872 für die östlichen Provinzen, derjenigen für Hannover vom 6. Mai 1884, von Hessen-Nassau vom 7. Juni 1885 § 11 und dem Gesetze über die allgemeine Landesverwaltung in der Provinz Posen vom 19. Mai 1889 Art. V. B. 3 bleibt nur den Städten die Beschlußnahme darüber, wie ihre Anteile an den Kreisabgaben aufgebracht werden sollen, vorbehalten. Dagegen sprechen die Kreisordnungen für Westfalen vom 31. Juli 1886, für die Rheinprovinz vom 30. Mai 1887 und für Schleswig-Holstein vom 26. Mai 1888

§ 11 diesen Vorbehalt auch zu Gunsten der Landgemeinden aus. Nachdem jetzt die Kommunalsteuerverfassung für alle Gemeinden einheitlich gestaltet worden ist, lag keine Veranlassung mehr vor, an dem Unterschiede für die Kreissteuern festzuhalten. Diese kommen also in Zukunft nur in selbstständigen Gutsbezirken dem Steuerpflichtigen gegenüber zur besonderen Erscheinung, in den Stadt- und Landgemeinden werden sie als Teil der Gemeindesteuern aufgebracht.

Die Grundsätze über die Verteilung des Steuerbedarfes auf die einzelnen Steuerarten, welche für die Gemeindebesteuerung eingeführt sind, werden im wesentlichen auf die Kreissteuern übertragen, um damit eine Entlastung der Einkommensteuer von Zuschlägen herbeizuführen. Durch die Ausnahmebestimmungen wird jedoch besonderen Verhältnissen einzelner Kreise Rechnung getragen. Der in §§ 10, 12 der Kreisordnungen festgesetzte anderweite Verteilungsmaßstab tritt damit für die Zukunft außer Geltung.

Der § 13 der Kreisordnungen, wonach die Mehr- oder Minderbelastung einzelner Kreisteile nur nach Quoten der Kreisabgaben bemessen werden darf, und die entsprechende Bestimmung in § 110 der Provinzialordnung erfährt nur insofern eine Abänderung, als auch andere Maßstäbe zugelassen sein sollen. Dagegen bleiben alle übrigen Bestimmungen über Mehr- oder Minderbelastung einzelner Kreise, bezw. Provinzialteile, namentlich, soweit sie die Notwendigkeit einer höheren Genehmigung betreffen, unberührt.

Nr. 4 überträgt das zur Vermeidung einer Doppelbesteuerung seitens der Gemeinden vorgeschriebene Teilungsverfahren auch auf die Kreise und Provinzen.

§ 92.

Die Vorschriften der §§ 51, 71 bis 74 finden bei der Kreis- und Provinzialbesteuerung mit nachstehenden Maßgaben sinnentsprechende Anwendung:

1. Über die Verteilung des dem Besteuerungsrechte mehrerer Kreise (Stadt- oder Landkreise) unterliegenden Einkommens beschließt der Bezirksausschuß.

   Anstelle der Frist von vier Wochen tritt eine solche von zwei Monaten.

2. Über die Verteilung des dem Besteuerungsrechte mehrerer

Provinzen unterliegenden Einkommens beschließt — auch wenn die Stadt Berlin mit in betracht kommt — derjenige Provinzialrat, welchen der Minister des Innern bestimmt.

Gegen den Beschluß findet binnen zwei Wochen die Klage bei dem Oberwaltungsgericht statt.

Das in den §§ 51, 71—74 enthaltenen Vorschriften über die Verteilung der Gemeindesteuern finden auf die Kreis- und Provinzialsteuern ebenfalls Anwendung. Geändert sind nur die Behörden, welche über die Verteilung zu beschließen haben, und ebenso sind die Fristen, den abweichenden praktischen Bedürfnissen entsprechend, geändert.

§ 93.

Die Kreise sind befugt, das Halten von Hunden zu besteuern. Die Steuer darf jährlich 5 Mark für den Hund nicht übersteigen. Sie ist durch Steuerordnung zu regeln. Die Steuerordnung bedarf der Genehmigung des Bezirksausschusses.

Die Erhebung einer Hundesteuer seitens der Kreise berührt das Recht der Gemeinden zur Besteuerung der Hunde nicht (§ 16).

Die Kreis-Hundesteuern sind an die hier vorgeschriebene Maximalgrenze gebunden, während eine solche für die Hundesteuer der Gemeinden, welche daneben erhoben werden kann, nicht besteht. Vgl. § 16 und Anm. dazu.

Schluß-, Ausführungs- und Übergangs-Bestimmungen.

§ 94.

Alle in dem gegenwärtigen Gesetze vorgeschriebenen Fristen sind Ausschlußfristen. Die Fristen beginnen, soweit in diesem Gesetze nichts anderes bestimmt ist, mit der Zustellung des Beschlusses oder der sonstigen Anordnung. Der Tag der Zustellung wird nicht mitgerechnet. Im übrigen sind für den Beginn und die Berechnung der Fristen die bürgerlichen Prozeßgesetze maßgebend.

Vgl. Civ.-Proz.-Ordn. § 198 ff.

§ 95.

Das Rechnungsjahr für den Gemeindehaushalt beginnt mit dem 1. April und schließt mit dem 31. März.

Der Beschlußfassung der Gemeindebehörden bleibt überlassen, anstelle des Rechnungsjahres eine Periode von zwei oder drei Rechnungsjahren treten zu lassen.

Das Etatsjahr muß hiernach mit dem Etatsjahre des Staatshaushaltes übereinstimmen, welches ebenfalls mit dem 1. April beginnt. Dagegen ist eine Verlängerung der Etatsperioden bis zu drei Rechnungsjahren zulässig, wie das schon § 119 Abs. 1 der Landgemeindeordnung vom 3. Juli 1891 vorgesehen hatte. Von dieser Verlängerung Gebrauch zu machen, wird sich namentlich für kleinere Gemeinden im Interesse der Vereinfachung der Geschäfte empfehlen.

§ 96.

Das gegenwärtige Gesetz tritt gleichzeitig mit dem Gesetze wegen Aufhebung direkter Staatssteuern in Kraft.

Die Gemeinden sind verpflichtet, die Ordnungen (Observanzen, Statuten, Regulative, Gemeindebeschlüsse u.s.w.) über die Aufbringung von Gebühren, Beiträgen, indirekten und direkten Steuern oder Diensten mit den Vorschriften dieses Gesetzes in Übereinstimmung zu bringen.

Zu diesem Behufe können die zur Ausführung des gegenwärtigen Gesetzes erforderlichen Gemeindebeschlüsse bereits innerhalb eines Jahres vor dem Inkrafttreten desselben im voraus gefaßt und die dadurch bedingten Anordnungen und Entscheidungen der Verwaltungs- und Verwaltungsgerichtsbehörden nach Maßgabe der Bestimmungen dieses Gesetzes getroffen werden.

Ordnungen, welche bis zum Inkrafttreten des gegenwärtigen Gesetzes in Geltung gewesen sind, bleiben — unbeschadet der Bestimmungen in § 23 Absatz 4 und § 37 Absatz 2 — bis zur Abänderung durch rechtsgiltigen Gemeindebeschluß oder Anordnung der Aufsichtsbehörde (§ 78) bestehen.

Mit dem Inkrafttreten des gegenwärtigen Gesetzes treten alle demselben entgegenstehenden gesetzlichen Bestimmungen außer Kraft.

Wo in den Gesetzen auf diese Bestimmungen Bezug genommen ist, kommen diejenigen des gegenwärtigen Gesetzes sinnentsprechend zur Anwendung.

Unberührt bleiben die Vorschriften wegen Erhebung von Bürgerrechtsgeldern, Einkaufsgeldern und gleichartigen Abgaben.

Der Zeitpunkt des Inkrafttretens des Gesetzes wegen Aufhebung direkter Staatssteuern ist in diesem selbst § 30 auf den 1. April 1895 festgesetzt.

Abs. 2 und 4 schließen sich wechselseitig nicht aus. Die Gemeinden sind verpflichtet, die bestehenden Ordnungen den Anforderungen des Gesetzes entsprechend zu ändern. So lange sie dies aber nicht thun, bleiben jene auch weiterhin in Kraft. Wegen des Einschreitens der Aufsichtsbehörden vgl. § 78 und Anm. dazu.

Die Erhebung der Bürgerrechts- und Einkaufsgelder ist für die alten Provinzen geregelt durch das Gesetz vom 14. Mai 1860 betreffend das städtische Einzugs-, Bürgerrechts- und Einkaufsgeld — G.-S. 1860, S. 237 —, welches die Bestimmungen der Städteordnungen hierüber aufhebt. Dasselbe erklärt die Stadtgemeinden für befugt, auf Grund von Gemeindebeschlüssen, welche die Genehmigung früher der Regierung, jetzt des Bezirksausschusses bedürfen, anzuordnen die Entrichtung von:

a) Einzugsgeld bei Erwerb der Gemeindeangehörigkeit;
b) Bürgerrechtsgeld bei Erwerb des Bürgerrechts;
c) Einkaufsgeld anstatt oder neben einer jährlichen Abgabe für die Theilnahme an den Gemeindenutzungen.

Die Gestattung der Niederlassung oder des ferneren Aufenthaltes sollte von der Zahlung des Einzugsgeldes abhängig gemacht werden dürfen. Soweit ein Bürgerrechtsgeld eingeführt ist, darf vor dessen Berichtigung das Bürgerrecht nicht ausgeübt werden. Unzulässig ist die zweimalige Erhebung des Bürgerrechtsgeldes von derselben Person. Die Verpflichtung zur Zahlung des Einkaufsgeldes, sowie der demselben entsprechenden jährlichen Abgabe ruht, so lange auf die Teilnahme an den Gemeindenutzungen verzichtet wird. Keinerlei Einzugs- oder Bürgerrechtsgeld sollte zur Hebung gelangen von den unmittelbaren und mittelbaren Staatsbeamten, den Lehrern und Geistlichen, welche gemäß dienstlicher Verpflichtung in der Stadt Wohnsitz nehmen, ferner von Militärpersonen, welche zwölf Jahre im aktiven Dienste sich befunden haben, bei der ersten Niederlassung, sowie den vorstehend erwähnten Personen bei der ersten Verlegung des Wohnsitzes nach ihrem Ausscheiden aus dem aktiven Dienste. Diese Bestimmungen wurden abgeändert durch das Gesetz vom 2. März 1867 — G.-S. 1867, S. 361 —, welches anordnete, daß ein Einzugs- oder Eintrittsgeld oder eine sonstige besondere Kommunalabgabe wegen des Erwerbes der Gemeindeangehörigkeit nicht mehr erhoben werden dürfe, und alle diesbezüglichen statutarischen Festsetzungen außer Kraft träten. Unberührt geblieben sind dagegen die Bestimmungen des Gesetzes vom 14. Mai 1860 über die Erhebung von Bürgerrechts- und Einkaufsgeldern.

In Schleswig-Holstein ist nach §§ 15, 21 der Städteordnung vom 14. April 1869 die Erhebung einer besonderen Abgabe für den Erwerb des Bürgerrechtes oder aus Anlaß desselben ausdrücklich untersagt. Nur soweit nach den Ortsstatuten ein Bürgerbrief zu erteilen ist, kann hierfür eine Ausfertigungsgebühr erhoben werden. Auch kann die den Gemeindegliedern zustehende Teilnahme an den Gemeindenutzungen durch das Ortsstatut von der Entrichtung einer jährlichen Abgabe oder anstatt oder neben derselben von der Entrichtung eines Einkaufsgeldes abhängig gemacht werden, durch deren Zahlung aber die Ausübung des Bürgerrechtes niemals bedingt ist.

In Frankfurt a. M. wird durch § 16 des Gemeindeverfassungsgesetzes vom 25. Mai 1867 hinsichtlich des Bürgerrechtsgeldes auf die Bestimmungen des Gesetzes vom 14. Mai 1860 verwiesen. Hier besteht also derselbe Rechtszustand wie in den alten Provinzen.

Ebenso ist in Hannover nach §§ 28, 37 der revidierten Städteordnung vom 24. Juni 1858 für die Erwerbung des Bürgerrechtes eine durch Ortsstatut näher zu bestimmende Gebühr an die Stadtkasse zu entrichten. Gebühren für die Gewinnung des Einwohnerrechtes (Einzugsgelder) sind nur da zulässig, wo ein Gemeindevermögen vorhanden ist, welches den Eintretenden durch unmittelbare Nutzung oder durch Verwendung der Aufkünfte für sonst durch Beiträge zu deckende Gemeindelasten zu Gute kommt.

Für die Landgemeinden fehlen allgemeine gesetzliche Bestimmungen über Bürgerrechts- und Einkaufsgelder.

Von Personen, die sich zum Zwecke des Gewerbebetriebes in einer Gemeinde niederlassen, darf nach § 13 der Gewerbeordnung das Bürgerrechtsgeld beim Erwerbe des Bürgerrechtes nicht gefordert werden. Diese Bestimmung greift jedoch nicht Platz, wenn zu der Niederlassung zwecks des Gewerbebetriebes ein anderer Erwerbsgrund, z. B. Grundbesitz, hinzukommt. Vgl. Entsch. des O.-V.-G. vom 26. Mai 1886 — Bd. 13, S. 87 —.

§ 97.

Der Minister des Innern und der Finanzminister sind mit der Ausführung dieses Gesetzes beauftragt.

Urkundlich ꝛc.

Die Ausführungsinstruktion ist bisher nicht erlassen.

II. Gesetz

wegen

Aufhebung direkter Staatssteuern.

Wir Wilhelm, von Gottes Gnaden König von Preußen ꝛc. verordnen mit Zustimmung beider Häuser des Landtages Unserer Monarchie für den Umfang derselben, mit Ausschluß der Insel Helgoland, was folgt:

Vgl. Anm. zum Eingange des Kommunalabgabengesetzes.

§ 1.

Behufs Erleichterung und anderweitiger Regelung der öffentlichen Lasten der Gemeinden (Gutsbezirke) werden die folgenden direkten Staatssteuern gegenüber der Staatskasse außer Hebung gesetzt:

1. die nach den Gesetzen vom 21. Mai 1861 (Gesetz-Samml. S. 253 und 317) sowie nach den hierzu ergangenen ergänzenden und abändernden Gesetzen veranlagte Grund- und Gebäudesteuer,
2. die nach dem Gesetze vom 24. Juni 1891 (Gesetz-Samml. S. 205) veranlagte Gewerbe- und Betriebssteuer.

Der Staat verzichtet nur seinerseits auf die Erhebung der Realsteuern, aber er schafft dieselben nicht ab. Die Realsteuern werden daher auf Grund der Spezialgesetze über die Grund-, Gebäude- und Gewerbesteuer auch weiterhin vom Staate veranlagt. Die Nutzbarmachung dieser Steuerquellen ist nach Maßgabe der näheren Bestimmungen des Kommunalabgabengesetzes den Gemeinden überlassen. Sofern die Gemeinden von ihrer Befugnis zur Erhebung besonderer Realsteuern Gebrauch machen, werden allerdings für die betreffenden Gemeinden die Gesetze über die Realsteuern und die auf Grund derselben erfolgende staatliche Steuerveranlagung praktisch bedeutungslos.

§ 2.

Ferner werden außer Hebung gesetzt:

1. die von den Bergwerken in den ältern rechtsrheinischen Landesteilen zu entrichtende Aufsichtssteuer und Bergwerksabgabe (Gesetz über die Besteuerung der Bergwerke für den ganzen Umfang der Monarchie, mit Ausnahme der auf dem linken Rheinufer belegenen Landesteile, vom 12. Mai 1851, § 8 — Gesetz-Samml. S. 261 —, Gesetz, die Bergwerksabgaben betreffend, vom 20. Oktober 1862, § 4 — Gesetz-Samml. S. 351 —),
2. die in den übrigen Landesteilen zu entrichtende Bergwerksabgabe (Gesetz, die Bergwerksabgaben betreffend, vom 20. Okt. 1862, § 6; Verordnungen für das Gebiet des vormaligen Königreichs Hannover, vom 8. Mai 1867, Artikel XXI — Gesetz-Samml. S. 601 —, für das Gebiet des vormaligen Kurfürstentums Hessen, die Stadt Frankfurt und die vormals Königlich Bayerischen Gebietsteile, vom 1. Juni 1867, Artikel XVII — Gesetz-Samml. S. 770 —, für das vormalige Herzogtum Nassau, die vormals Großherzoglich Hessischen Landesteile und die vormalige Landgrafschaft Hessen-Homburg einschließlich des Oberamtsbezirks Meisenheim, vom 1. Juni 1867, Artikel I § 2 — Gesetz-Samml. S. 802 —; Gesetz, betreffend die Einführung des Allgemeinen Berggesetzes vom 24. Juni 1865 in das Gebiet des Herzogtums Lauenburg, vom 6. Mai 1868, Artikel VII — Offizielles Wochenblatt für das Herzogtum Lauenburg für 1868, Nr. 36 —; Gesetz, betreffend die Einführung des Allgemeinen Berggesetzes vom 24. Juni 1865 in das Gebiet der Herzogtümer Schleswig und Holstein, vom 12. März 1869, Artikel IX — Gesetz-Sammlung S. 453 —).

Wegen der bisher vom Staate erhobenen Bergwerksabgaben vgl. Bornhak, Preuß. Staatsrecht Bd. 3, S. 537 ff.; Kratz, Art. Bergwerksabgaben in v. Stengels Wörterbuche des deutschen Verwaltungsrechtes Bd. 1, S. 168 ff.

Auch die hier angeführten Gesetze über die Bergwerksabgaben werden nicht aufgehoben, sondern der Staat verzichtet nur auf die weitere Erhebung der Abgaben.

Gänzlich unberührt durch das vorliegende Gesetz sind die Verhältnisse der Privatregalberechtigten und Verpflichteten geblieben, welche auch das allgemeine Berggesetz vom 24. Juni 1865 aufrecht erhalten hatte.

§ 3.

Die Vorschriften der in den §§ 1 und 2 bezeichneten Gesetze bleiben, soweit nicht in dem gegenwärtigen Gesetze und in dem Kommunalabgabengesetze Abweichendes bestimmt ist, in Kraft.

Die Veranlagung und Verwaltung der Grund-, Gebäude- und Gewerbesteuer wird, soweit nicht in dem gegenwärtigen Gesetze Abweichendes bestimmt ist, unter Aufrechterhaltung der dieserhalb bestehenden gesetzlichen Einrichtungen vom Staate für die Zwecke der kommunalen Besteuerung ausgeführt. Die landständische Mitwirkung bei der Verwaltung der Grundsteuer innerhalb des kommunalständischen Verbandes der Oberlausitz (Gesetz, betreffend die definitive Unterverteilung und Erhebung der Grundsteuer u. s. w., vom 8. Februar 1867, § 49 — Gesetz-Samml. S. 185 —) wird hierdurch nicht berührt.

Wegen der ferneren Geltung der Gesetze über die Realsteuern vgl. die Anm. zu § 1.

Trotz der Überweisung der Realsteuern an die Gemeinden ist das Veranlagungsgeschäft ein rein staatliches geblieben. Es erfolgt daher auch auf Kosten des Staates, soweit dieser die Hilfe der Gemeinden nicht in Anspruch nimmt. Nur bei Neumessungen ganzer Gemarkungen läßt § 14 dieses Gesetzes eine Ausnahme zu. Dem Staate fallen als Entgelt seiner Veranlagungsthätigkeit die Gebühren, Kosten und Strafen bezüglich der von ihm veranlagten Steuern zu. Die in § 69 des Kommunalabgabengesetzes vorgesehene Möglichkeit, auch dem Abgabenpflichtigen, welcher gelegentlich des Einspruches durch wissentlich falsche Angaben Ermittlurgen veranlaßt, einen Teil der Kosten aufzuerlegen, bezieht sich nicht auf die staatliche Veranlagung, da gegen diese gar kein Einspruch bei der Gemeindebehörde stattfindet, sondern lediglich auf Beschlüsse der Gemeindeorgane, gegen welche reklamiert wird.

§ 4.

Die Veranlagung (§ 3) ist auf diejenigen Liegenschaften, Gebäude und Gewerbebetriebe auszudehnen, welche von der entsprechenden Staatssteuer freigeblieben, aber gemäß den Bestimmungen des Kommunalabgabengesetzes der Kommunalsteuerpflicht unterworfen sind.

Für die Veranlagung gelten, soweit nicht in dem gegenwärtigen Gesetze und in dem Kommunalabgabengesetze Abweichendes bestimmt ist, die allgemeinen gesetzlichen Vorschriften, welche bei der Heranziehung zu den entsprechenden Staatssteuern anzuwenden gewesen sein würden. Insbesondere sind gegen die Veranlagung dieselben Rechtsmittel zulässig, mit denen die Veranlagung der entsprechenden Staatssteuer hätte angefochten werden können.

Vgl. §§ 26, 28, 30 des Kommunalabgabengesetzes und die Anm. dazu.

Obgleich die Realsteuern, soweit an ihre Stelle nicht überhaupt besondere kommunale Grund- und Gewerbesteuern getreten sind, nunmehr lediglich den Charakter kommunaler Abgaben haben, so greift doch gegenüber der staatlichen Veranlagung dasselbe Reklamationsverfahren Platz wie gegenüber der bisherigen staatlichen Besteuerung. Vgl. Kommunalabgabengesetz § 69 Abs. 3 und Anm. dazu.

§ 5.

Die bestehenden gesetzlichen Bestimmungen, welche von der Veranlagung der im § 1 Nr. 1 und 2 bezeichneten Steuern oder von einzelnen derselben anderweitige Rechtsfolgen, insbesondere die Begründung von Rechten oder Pflichten abhängig machen, bleiben aufrecht erhalten; soweit hierbei die Entrichtung solcher Steuern vorausgesetzt wird, treten an die Stelle der zu entrichtenden die veranlagten Beträge.

Auf die Bestimmungen im § 9 I Nr. 4 des Einkommensteuergesetzes vom 24. Juni 1891 (Gesetz-Samml. S. 175) findet diese Vorschrift keine Anwendung.

Die Vorschrift findet gleichfalls keine Anwendung auf die Bildung der Urwählerabteilungen für die Wahlen zum Hause der Abgeordneten. Über diese, sowie über die Bildung der Wählerabteilungen für die Wahl von Gemeindevertretungen ergeht besondere gesetzliche Bestimmung.

Die Steuerveranlagung dient vielfach auch nicht steuerlichen Zwecken. So sind die Grundsteuerbücher und Katasteranlagen für das Grundbuchwesen von Bedeutung, der Grundsteuerreinertrag wird für die Eintragsfähigkeit der Landgüter in die Landgüterrolle, für die Bestimmung der pupillarischen Sicherheit der Hypotheken und Grundschulden, für die Höhe der Gerichtskosten bei Subhastationen, für die Bildung von Wald-, Ent- und Bewässerungsgenossenschaften zu Grunde gelegt. Ebenso nehmen Statuten von Sparkassen, die Reglements der Landschaften, Provinzialhilfskassen, Provinzialmeliorationsfonds für die Bemessung der Sicherheit der Darlehen auf den Kataster Bezug. Dieser Zustand bleibt unveränderlich, da die Katasterverwaltung und die staatliche Veranlagung der Realsteuern weiter geführt wird.

Vielfach sind aber Rechtsfolgen an die wirkliche Entrichtung der Steuern geknüpft. Es ist dabei zu erinnern an die Aufbringung von Beiträgen zu den Entschädigungen für Aufhebung oder Ablösung gewerblicher Berechtigungen nach dem Gesetze vom 17. März 1868, an die Verteilung der Kosten der gemeinsamen Armenpflege auf Gemeinden und Gutsbezirke nach dem Maßgabe der Realsteuern (Ges. vom 8. März 1871 §§ 10, 44, 70), an die Zugehörigkeit zum Wahlverbande der größeren Grundbesitzer und an den Besitz des Gemeinderechtes in den Landgemeinden. In allen diesen Fällen tritt an die Stelle der Entrichtung der betreffenden Steuern deren Veranlagung.

Das Einkommensteuergesetz § 9 I Nr. 4 erklärt für abzugsfähig von dem Einkommen, die von dem Grundeigentume, dem Berggbau und dem Gewerbebetriebe zu entrichtenden direkten Staatssteuern. Hierbei soll es auch in Zukunft verbleiben, und nur die wirklich entrichtete, nicht die bloß veranlagte Staatssteuer abzugsfähig sein.

§ 6.

Die für die Provinzen Rheinland und Westfalen bestehenden besonderen Vorschriften über den Grundsteuerdeckungsfonds und den Fonds zur Erhaltung und Erneuerung des Katasters (Grundsteuergesetz für die westlichen Provinzen vom 21. Januar 1839, § 2 zu b und c, §§ 4, 44—48 — Gesetz-Samml. S. 30 —, Verordnung, betreffend die Feststellung und Unterverteilung der Grundsteuer in den beiden westlichen Provinzen, vom 12. Dezember 1864, §§ 3, 4, 21 — Gesetz-Samml. S. 683 —) treten außer Kraft.

Anstelle dieser Vorschriften treten die in den übrigen Landesteilen geltenden allgemeinen Bestimmungen.

Mit der Auflösung der Fonds gehen die Bestände, sowie die alsdann noch bestehenden Forderungen und Verpflichtungen

a) des Grundsteuerdeckungsfonds auf die Kreise der betreffenden Regierungsbezirke nach Maßgabe der veranlagten Grundsteuer,

b) des Fonds zur Erhaltung und Erneuerung des Katasters auf die Staatskasse

über.

In den westlichen Provinzen bestehen nach den oben angeführten Bestimmungen zwei besondere Fonds, welche von den Steuerpflichtigen durch Zuschläge zur Grundsteuer aufzubringen sind, nämlich:

a) Grundsteuerdeckungsfonds, welche im Eigentume der Grundsteuerpflichtigen jedes Regierungsbezirkes stehen und zur Deckung von Ausfällen und zur Gewährung von Steuernachlässen oder außerordentlichen Unterstützungen an Grundsteuerpflichtige bestimmt sind;

b) Katastererneuerungsfonds, welche provinzweise verwaltet werden und zur Erhaltung des Grundsteuerkatasters, namentlich zur Erneuerung der Katasterkarten, Flurbücher und Mutterrollen, sowie zur Berichtigung und Vervollständigung der Parzellenvermessung Verwendung finden.

Die zu a erwähnten Fonds werden bedeutungslos, wenn die Grundsteuer nicht mehr in einer bestimmten Hauptsumme für den Staat erhoben wird. Allein in den westlichen Provinzen die Grundsteuerpflichtigen auf

Grund einer Spezialbestimmung zu den Kosten der Katasterverwaltung heranzuziehen, während dieselbe sonst grundsätzlich vom Staate getragen werden, erschien aber als eine Unbilligkeit. Hob man nun die Fonds für die Zukunft auf, so mußte über die bestehenden Massen verfügt werden. Während der Regierungsentwurf die Grundsteuerdeckungsfonds der Provinz überweisen wollte, hielt die Kommission des Abgeordnetenhauses bei der verschiedenen Höhe der Bestände in den einzelnen Regierungsbezirken die Kreise für eine geeignetere Grundlage, und die Regierung fügte sich dieser Auffassung. Bezüglich der Katastererneuerungsfonds, die schon bisher der Staatskasse zugeflossen waren, war der Übergang der noch vorhandenen Bestände auf den Staat selbstverständlich.

§ 7.

Die auf die Aufbewahrung der Kopien der Katasterdokumente und auf die Erteilung beglaubigter Auszüge aus denselben bezüglichen Bestimmungen im Artikel II des Gesetzes über die Veräußerung und hypothekarische Belastung von Grundstücken im Geltungsbereiche des Rheinischen Rechts vom 20. Mai 1885 (Gesetz-Samml. S. 139) werden auf die übrigen Teile der Rheinprovinz und auf die Provinz Westfalen ausgedehnt.

Die betreffenden Bestimmungen, welche den § 31 des Grundsteuergesetzes vom 21. Januar 1839 für die beiden westlichen Provinzen lediglich innerhalb des Gebietes des rheinischen Rechtes abändern, werden nunmehr auch auf den landrechtlichen und gemeinrechtlichen Teil der Rheinprovinz und auf die ganze Provinz Westfalen ausgedehnt. Maßgebend war dafür das praktische Bedürfnis, welches sich bei dem Grundstücksverkehr herausgestellt hatte. Es wird damit für die Aufbewahrung der Katasterdokumente ein übereinstimmender Rechtszustand im ganzen Geltungsgebiete der Grund- und Gebäudesteuergesetzgebung vom 21. Mai 1861 geschaffen.

§ 8.

Soweit die Bestrafung von Zuwiderhandlungen gegen die Vorschriften über die Grund-, Gebäude- und Gewerbesteuer von der Vorenthaltung oder von dem Verluste der Steuer gegenüber dem Staate abhängig gemacht ist (Gebäudesteuergesetz vom 21. Mai 1861, § 17 Absatz 3; Gesetz, betreffend die definitive Unterverteilung und Erhebung der Grundsteuer in den sechs östlichen Provinzen, vom 8. Februar 1867, § 34 Absatz 3; Gesetz, betreffend die Ausführung der anderweiten Regelung der Grundsteuer in den Provinzen Schleswig-Holstein, Hannover und Hessen-Nassau, sowie in dem Kreise Meisenheim, vom 11. Februar 1870, § 1 — Gesetz-Samml. S. 85 —, Gewerbesteuergesetz vom 24. Juni 1891, § 70), gilt als vorenthalten (verloren) derjenige Betrag, welcher im Falle fortdauernder Hebung der Steuer zur Staatskasse nach Maßgabe der Veranlagung (§ 3 Absatz 2, § 4) zu entrichten gewesen sein würde.

Die im § 17 Absatz 3 des Gebäudesteuergesetzes vom 21. Mai 1861 bestimmte dreimonatige Anmeldefrist für neuentstandene Gebäude (§ 15 zu 4 a. a. O.), desgleichen für wesentliche Verbesserungen von Gebäuden, sowie Vergrößerungen der zu ihnen gehörigen Hofräume und Hausgärten (§ 15 zu 5 a. a. O.) beginnt mit dem Ablaufe des Rechnungsjahres, in welchem die Veränderung eingetreten ist.

Die in Abs. 1 aufgeführten Gesetze stellen unter Strafe die Vorenthaltung oder den Verlust der Grund-, Gebäude- oder Gewerbesteuer gegenüber dem Staate. Nachdem jedoch diese Steuern staatlicherseits außer Hebung gesetzt worden sind, konnte Zweifel darüber entstehen, ob die Strafbestimmungen überhaupt noch Anwendung fänden. Es wird daher ausdrücklich die fortdauernde Geltung jener Strafvorschriften dahin deklariert, daß an Stelle der wirklichen Entrichtung eine solche fingiert wird, und der Betrag als vorenthalten bezw. verloren gilt, welcher bei fortdauernder Hebung zu entrichten gewesen wäre.

Ebenso wird die in dem Gebäudesteuergesetze bestimmte Anmeldungsfrist aufrecht erhalten, jedoch der Beginn der Frist dem praktischen Bedürfnisse entsprechend neu bestimmt, da § 26 Abs. 4 des Komm.-Abg.-Ges. den Beginn der Steuerpflicht anderweit normiert hat.

§ 9.

Zum Bezuge von Nachsteuern (Gebäudesteuergesetz vom 21. Mai 1861, § 17 Absatz 4; Gesetz vom 8. Februar 1867, § 34 Absatz 4; Gesetz vom 11. Februar 1870, § 1; Gewerbesteuergesetz vom 24. Juni 1891, §§ 70, 78) ist diejenige Gemeinde berechtigt, welcher nach den Bestimmungen des Kommunalabgabengesetzes das entsprechende Steueraufkommen zusteht.

Die Nachsteuerpflicht bestand nach den angeführten Gesetzesstellen nur gegenüber dem Staate. Nachdem die staatliche Prinzipalsteuer außer Hebung gesetzt worden ist, mußte nach dem in § 8 aufgestellten Prinzipe die Aufrechterhaltung dieser Steuerpflicht ausdrücklich deklariert werden. An die Stelle des bisher forderungsberechtigten Staates treten nunmehr die beteiligten Gemeinden.

§ 10.

Die Bestimmungen im §. 81 des Gewerbesteuergesetzes vom 24. Juni 1891 werden aufgehoben.

Das Aufhören eines steuerpflichtigen Gewerbes ist nicht der Hebestelle (§ 58 Absatz 1 a. a. O.), sondern dem Vorsitzenden des für die Veranlagung zuständigen Steuerausschusses anzuzeigen.

Nach § 81 des Gewerbesteuergesetzes vom 24. Juni 1891 ist die Erhöhung bezw. Herabsetzung der Gewerbesteuersätze von den Ergebnissen der Veranlagung des Jahres 1893/94 abhängig gemacht worden. Diese Bestimmung wird aber mit der Umwandlung der Gewerbesteuer in eine kommunale Abgabe ihre Bedeutung verlieren und hätte höchstens noch für das Rechnungsjahr 1894/95 Anwendung finden können.

Die Abänderung der Stellen, bei denen das Aufhören des steuerpflichtigen Gewerbes anzumelden ist, ergab sich als notwendig, weil die Hebestellen in den Gutsbezirken und in den Gemeinden mit besonderen kommunalen Gewerbesteuern überhaupt fortfallen.

§ 11.

Die Hebung und Beitreibung der Grund-, Gebäude- und Gewerbesteuer liegt derjenigen Gemeinde ob, welche nach den Bestimmungen des Kommunalabgabengesetzes zum Bezuge des entsprechenden Steueraufkommens berechtigt ist.

Die Ausfälle treffen die Gemeindekasse. Die Ermächtigung zum Erlasse und zur Ermäßigung veranlagter Steuern (Gesetz, betreffend den Erlaß oder die Ermäßigung der Grundsteuer infolge von Überschwemmungen, vom 15. April 1889, § 1 Nr. 1 — Gesetz-Samml. S. 99 —, Gewerbesteuergesetz vom 24. Juni 1891, §§ 44, 45) geht auf die Gemeinden über.

Die gesetzlichen Bestimmungen über Ansprüche der Gemeinden auf Mitverwaltung ihrer Kassen durch staatliche Kassenbeamte (Gemeindeordnung für die Rheinprovinz vom 23. Juli 1845, §§ 79, 106 — Gesetz-Samml. S. 523 —, Landgemeindeordnung für die Provinz Westfalen vom 19. März 1856, §§ 44, 73 — Gesetz-Samml. S. 265 —) werden aufgehoben.

Abs. 1 und 2 ziehen die notwendigen Folgerungen aus der Verwandlung der Ertragssteuern in kommunale Abgaben. Während die Veranlagung, soweit nicht besondere kommunale Grund- und Gewerbesteuern eingeführt sind, eine staatliche geblieben ist, wird die Hebung und Beitreibung lediglich Gemeindesache. Die Steuerausfälle können nunmehr bloß die Gemeindekasse als forderungsberechtigt treffen. Dies gilt namentlich von den Grundsteuern, deren Ausfälle nach den bisherigen gesetzlichen Bestimmungen zum Teil der Staat zu tragen hatte. Ebenso wird das Recht zum Erlasse und zur Ermäßigung Gemeindesache, jedoch nur soweit das Erlaß- und Ermäßigungsrecht sich auf die angeführten Gesetzesstellen stützt.

Abs. 3 bezieht sich lediglich auf die westlichen Provinzen. Nach §§ 79, 106 der rheinischen Gemeindeordnung wird die Verwaltung der Gemeinde- und Bürgermeistereikassen dem Elementarerheber der direkten Staatssteuern übertragen, wenn die Bürgermeistereiversammlung nicht die Anstellung besonderer Erheber beschließt. Ebenso ist in der Provinz Westfalen der Elementarerheber der direkten Steuern in der Regel auch Steuererheber für die Gemeinden und Ämter. Diesen ist jedoch nach §§ 44, 73 der westfälischen Landgemeindeordnung vom 19. März 1856 die Anstellung besonderer Gemeinde- bezw. Amtserheber gestattet. Diese Verbindung der staatlichen und kommunalen Kassenverwaltung hat sich schon bisher als unzuträglich erwiesen, und würde es nach Überweisung der Realsteuern an die Gemeinden noch mehr sein. Es ist deshalb die durchgängige Trennung der Kassenverwaltungen in Aussicht genommen.

§ 12.

Die auf die Betriebssteuer bezüglichen Vorschriften des Gewerbesteuergesetzes vom 24. Juni 1891 gelangen nach Maßgabe folgender Bestimmungen zur Anwendung:

1. Erstreckt sich ein betriebssteuerpflichtiges Gewerbe über mehrere

Kreise, so ist für jeden dieser Kreise die Hälfte der im § 60 Nr. 1 und 2 a. a. O. bestimmten Steuersätze zu entrichten. Auf die im § 60 Absatz 2 a. a. O. bezeichneten Betriebsstätten findet diese Bestimmung keine Anwendung.

2. Die Betriebssteuer wird in den Landkreisen vom Landrat, in den Stadtkreisen vom Gemeindevorstande, in Berlin von der Direktion für die Verwaltung der direkten Steuern festgestellt.

Diesen Behörden stehen auch die Befugnis zur Herabsetzung der Betriebssteuer gemäß § 61 und die anderweite Festellung gemäß § 65 Absatz 2 a. a. O. zu.

3. Die Betriebssteuer ist binnen zwei Wochen nach erfolgter Behändigung der Steuerzuschrift in einer Summe zu entrichten.

Die im § 61 a. a. O. bezeichneten Steuerpflichtigen haben die Steuer vor Eröffnung des Betriebes zu entrichten, oder, falls bis dahin die Steuerzuschrift noch nicht behändigt ist, einen von dem Gemeinde- (Guts-) Vorstande zu bestimmenden Geldbetrag bei der gleichzeitig zu bezeichnenden Kasse zur Deckung der Steuer zu hinterlegen, widrigenfalls ihnen die Ausübung des Betriebes nach Maßgabe des § 63 a. a. O. untersagt werden kann.

Wie sich aus § 13 ergiebt, ist die Betriebssteuer den Kreisen, dagegen den Gemeinden nur insoweit überwiesen, als sie selbständige Stadtkreise bilden. Daraus ergeben sich wesentliche Modifikationen der sonst zur Vermeidung der Doppelbesteuerung aufgestellten Grundsätze.

Wenn ein betriebssteuerpflichtiges Gewerbe sich über mehrere Kreise erstreckt, so ist für den gesamten Betrieb mit Ausnahme der Betriebsstätten, in welchen geistige Getränke verabfolgt werden (§ 60 Abs. 2 des Gewerbesteuergesetzes vom 24. Juni 1891) nur eine einzige Betriebssteuer zu erheben. Besonderer Bestimmungen über die Doppelbesteuerung bedurfte es hiernach nur, wenn der Betrieb sich über mehrere Kreise, nicht schon dann, wenn er sich über mehrere Gemeinden erstreckt, da letztere nicht forderungsberechtigt sind. Sie waren ferner nicht notwendig für Betriebe, in denen geistige Getränke verabfolgt werden: denn hier wird jede Betriebsstätte besonders besteuert. Soweit hiernach eine Auseinandersetzung verschiedener

Forderungsberechtigten über die Steuer überhaupt erforderlich ist, sollen die beteiligten Kreise sich in die Steuer teilen.

Die Festsetzung der Steuer geht regelmäßig auf die Vorstände der kommunalen Verbände über, welche sie zu erheben haben. Nur für Berlin ist eine Ausnahme gemacht, da hier in der Direktion für die direkten Steuern eine technische Staatsbehörde, welche lediglich für den Stadtkreis fungiert, besteht.

Während das Gewerbesteuergesetz zum Teil kürzere Zahlungsperioden für die Betriebssteuer kannte, wird jetzt im Interesse der Vereinfachung der Verwaltung und der Sicherheit des Einganges allgemein die jährliche Pränumerando-Zahlung eingeführt. Die Einführung noch längerer Zahlungsperioden durch kommunale Beschlüsse würde dagegen unzulässig sein.

§ 13.

Die Gemeinden (Gutsbezirke) haben die Betriebssteuer in den veranlagten Beträgen (§ 12) von den Pflichtigen ihres Bezirks zu erheben.

Die Gemeinden (Gutsbezirke) der Landkreise haben die erhobenen Beträge am Schlusse eines jeden Vierteljahres an die Kreiskommunalkasse abzuführen.

Sofern die Gemeinden nach den Bestimmungen des Kommunalabgabengesetzes besondere Betriebssteuern eingeführt haben, müssen sie denjenigen Betrag, welcher sich bei Anwendung der Bestimmungen der §§ 60 69 des Gewerbesteuergesetzes vom 24. Juni 1891 und des § 12 des gegenwärtigen Gesetzes ergeben würde, an die Kreiskommunalkasse abführen.

Die Kreise haben das ihnen zufließende Aufkommen der Betriebssteuer (Absatz 2 und 3) zur Bestreitung ihrer Ausgaben zu verwenden.

Die Betriebssteuer eignet sich noch mehr als die anderen Realsteuern für kommunale Zwecke. Wollte man sie aber gleich der Gewerbesteuer den Gemeinden überweisen, so wären die Schank- und Gastwirtschaftsbetriebe in den Gutsbezirken steuerfrei geblieben. Dieser Zustand war um so weniger wünschenswert, als sich in diesem Falle voraussichtlich die Schankbetriebe aus den Gemeinden in die selbstständigen Gutsbezirke gezogen hätten. Überdies soll die Betriebssteuer nicht nur finanzielle, sondern auch polizeiliche Wirkungen ausüben, die bei einer Steuerfreiheit des Betriebes in den Gutsbezirken verloren gegangen wären. Da die Ueberweisung der Steuer an die Gutsbesitzer oder die Forterhebung als Staatssteuer in den Gutsbezirken nicht möglich war, so blieb nur die Überweisung an die Kreise für kommunale Zwecke übrig. Die Gemeinden und Gutsbezirke haben die Steuer zu erheben und an die Kreise abzuführen. Das Recht der Gemeinden, an Stelle der auf Staatsgesetz beruhenden Abgabe eine besondere kommunale Betriebssteuer einzuführen (§ 29 des Kommunalabgabengesetzes), bleibt dabei vollständig unberührt. Soweit die Gemeinden von dieser Befugnis Gebrauch machen, haben sie den Betrag an Betriebssteuer, der nach dem Gewerbesteuergesetze sich ergeben würde, an die Kreiskasse abzuliefern. Der Überschuß verbleibt ihnen dagegen selbst.

§ 14.

Die Kosten der Veranlagung und Verwaltung der Steuern (§ 3 Absatz 2, § 4) werden, soweit sie nicht durch die den Gemeinden hierbei übertragenen Geschäfte entstehen, aus der Staatskasse bestritten.

Das Aufkommen von Gebühren, Kosten und Strafen im Bereiche der Grund-, Gebäude- und Gewerbe- (Betriebs-) Steuer fließt in die Staatskasse.

Sofern im Bereiche der Katasterverwaltung die Ausführung von Neumessungen ganzer Gemarkungen oder größerer Teile von solchen seitens einer Gemeinde oder der beteiligten Grundbesitzer beantragt wird, oder vorzugsweise der Gemeinde oder den beteiligten Grundbesitzern zum Vorteile gereicht, kann die Ausführung nach Bestimmung des Finanzministers von der Entrichtung eines seitens der Gemeinde oder der beteiligten Grundbesitzer zu leistenden Beitrages zu den Kosten der Neumessung abhängig gemacht werden.

Vgl. § 89 des Kommunalabgabengesetzes und Anm. dazu.

§ 15.

Die Kosten der Hebung und Beitreibung der Steuern (§ 11, 13) sind von den Gemeinden zu tragen.

Die gesetzlichen Bestimmungen über die Verpflichtung der

Grundsteuerpflichtigen zur Entrichtung von Beischlägen behufs Bestreitung der Elementarerhebungskosten (Grundsteuergesetz für die westlichen Provinzen vom 21. Januar 1839, §§ 2a, 3; Gesetz vom 11. Februar 1870, § 11) werden aufgehoben.

Wenn nach § 11 die Hebung und Beitreibung der Realsteuern überhaupt und nach § 13 die der Betriebssteuer den Gemeinden überwiesen ist, so ergiebt sich daraus ohne weiteres, daß auch die Hebungs- und Beitreibungskosten eine kommunale Last der Gemeinden sind.

Die Kosten der Grundsteuererhebung werden in den westlichen Provinzen nach dem Grundsteuergesetze vom 21. Januar 1839, in den neuen Provinzen nach dem Gesetze vom 11. Februar 1870 von den Grundsteuerpflichtigen durch drei Prozent Zuschläge aufgebracht.

In den östlichen Provinzen liegt dagegen nach § 40 des Gesetzes vom 8. Februar 1867 den Gemeinden die Verpflichtung zur unentgeltlichen Hebung ob. Beide Einrichtungen hingen mit der Kontingentierung der Grundsteuer zusammen. Wenn jetzt der Staat auf die Grundsteuer überhaupt verzichtet und sie den Gemeinden überweist, so lag keine Veranlassung vor, in einigen Provinzen, entgegen der sonst allgemein herrschenden Regel, die Steuerpflichtigen mit den Erhebungskosten zu belasten.

§ 16.

Die gesetzlichen Bestimmungen über die Ansprüche der Gemeinden (Gutsbezirke) auf den Bezug von Vergütungen für die bei Veranlagung der Gewerbesteuer und der Einkommensteuer ihnen übertragenen Geschäfte (Gewerbesteuergesetz vom 24. Juni 1891, § 75 Absatz 1; Einkommensteuergesetz vom 24. Juni 1891, § 73 Absatz 1) treten außer Kraft.

Durch Königliche Verordnung kann den Gemeinden und selbständigen Gutsbezirken die Verpflichtung auferlegt werden, in ihren Bezirken die Elementarerhebung der sämtlichen direkten Staatssteuern, der Domänen-, Rentenbank- und Grundsteuerentschädigungs-Renten sowie die Abführung der erhobenen Beträge an die zuständigen Staatskassen ohne Vergütung zu bewirken.

Die durch die Spezialsteuergesetze den Gemeinden für ihre Mitwirkung bei der Veranlagung zugebilligte Vergütung fällt in Zukunft fort. Für die Gewerbesteuer ergiebt sich dies von selbst daraus, daß sie der Staat nur für die Gemeinde veranlagt. Aber auch bei der Einkommensteuer lag ein besonderer Billigkeitsgrund, den Gemeinden ihre Mitwirkung bei dem Veranlagungsgeschäfte zu vergüten, nicht mehr vor, da ja der Staat auch auf seine Kosten für die Gemeinden die Realsteuern veranlagt. Im Gegenteile kann eine königliche Verordnung den Gemeinden und Gutsbezirken die unentgeltliche Elementarerhebung der ihnen aufkommenden direkten Abgaben zur Last legen. Eine solche königliche Verordnung ist jedoch bisher noch nicht ergangen.

§ 17.

Ansprüche auf Grundsteuerentschädigungen aus den §§ 1, 15—17 des Gesetzes vom 11. Februar 1870 und aus dem Grundsteuerentschädigungsgesetze vom 21. Mai 1861 — Gesetz-Samml. S. 327 — sowie auf sonstige, seitens des Staates zu leistende Entschädigungen, welche die Entrichtung der Grundsteuer an den Staat zur Voraussetzung haben, finden nicht ferner statt.

Das Entschädigungsverfahren wegen Aufhebung der Grundsteuer ist noch nicht durchweg beendet. Namentlich in der Provinz Schleswig-Holstein dürften sich noch unerledigte Fälle ergeben. Wenn nun der Staat nach §§ 18 ff. das bereits stattgefundene Entschädigungsverfahren in gewissem Umfange rückgängig macht und diejenigen, welche Entschädigung empfangen haben, zur Rückerstattung derselben verpflichtet, so lag keine Veranlassung vor, die schwebenden Entschädigungsverfahren zu Ende zu führen oder überhaupt für die Zukunft Entschädigung noch zu gewähren.

§ 18.

Die auf Grund der §§ 1—4 des Grundsteuerentschädigungsgesetzes vom 21. Mai 1861 und der §§ 1, 15 des Gesetzes vom 11. Februar 1870 für die Aufhebung von Grundsteuerbefreiungen und Grundsteuerbevorzugungen geleisteten Entschädigungen sind nach Maßgabe der folgenden Bestimmungen an die Staatskasse zurückzuerstatten.

Hierbei ist, soweit die Entschädigung durch Erlaß von Domänenabgaben oder Domänenamortisationsrenten stattgefunden hat, das zu erstattende Entschädigungskapital nach dem zwanzigfachen Betrage der erlassenen Abgabe bezw. Rente zu berechnen.

Die Entschädigung hat stattgefunden für Aufhebung der dem Staate gegenüber bestehenden Grundsteuerbefreiungen und Grundsteuerbevorzugungen. Indem nun der Staat auf die Erhebung der Grundsteuer in Zukunft überhaupt verzichtet, wird die geleistete Entschädigung gegenstandslos und soll zurückerstattet werden. Damit werden aber die zur Rückerstattung Verpflichteten dem Staate gegenüber in denselben Rechtszustand zurückversetzt, in dem sie sich vor Aufhebung der Befreiungen und Bevorzugungen befanden. Es wird demnach ihnen gegenüber nicht nur die Erhebung der Grundsteuer von Staatswegen eingestellt wie gegenüber allen anderen Grundsteuerpflichtigen, sondern sie erhalten das Spezialrecht auf Befreiung in dem früheren Umfange zurück. Dieses Recht ist allerdings zunächst nur ein latentes, so lange der Staat seinerseits keine Grundsteuer erhebt. Es würde aber sofort wieder thatsächlich wirksam werden, wenn eine staatliche Grundsteuer wieder eingeführt werden sollte. In diesem Falle müßte eine neue Entschädigung derjenigen stattfinden, welche auf Grund dieses Gesetzes die früher empfangene zurückerstattet haben.

§ 19.

Die Rückerstattung (§ 18) bleibt ausgeschlossen bezüglich derjenigen Güter und Grundstücke, welche nach erfolgter Entschädigung durch lästiges (entgeltliches) Rechtsgeschäft veräußert worden sind.

Wenn sich die Veräußerung nur auf einen Teil des Gutes. bezw. Grundstückes erstreckt hat, so wird der Betrag der Rückerstattung nach dem Verhältnisse der Grundsteuer ermittelt.

Falls jedoch der veräußerte Teil nur aus Absplissen zu öffentlichen Wegen, zu Flüssen, Bächen, Kanälen oder zu Eisenbahnen besteht, wird der hierauf entfallende Entschädigungsbetrag von der für das ganze Gut oder Grundstück geleisteten Entschädigung nur dann abgerechnet, wenn der zur Rückerstattung Verpflichtete nachweist, daß der Grundsteuerreinertrag der Absplisse mehr als den zehnten Teil des Grundsteuerreinertrages des ganzen Gutes oder Grundstücks und zugleich mehr als 30 Mark beträgt.

Die Rückerstattung (§ 18) bleibt ferner in denjenigen Fällen ausgeschlossen, in welchen die Vorschriften im § 5 des Gesetzes vom 25. Mai 1885 (Gesetz-Samml. S. 170) deshalb nicht zur Anwendung gekommen sind, weil der Besitzer der betreffenden

Grundstücke die im § 7 a. a. O. vorgesehenen Voraussetzungen nicht erfüllt hat.

Bezüglich derjenigen Güter und Grundstücke, deren Eigentum nach erfolgter Entschädigung durch Schenkung, Vermächtnis, infolge von Erbteilungen oder Gutsüberlassungsverträgen übergegangen ist, bleibt die Rückerstattung des Entschädigungskapitals zu demjenigen Bruchteile ausgeschlossen, zu welchem der zeitige Eigentümer weder unmittelbar noch mittelbar Erbe des Entschädigten geworden ist.

Der Grundstückspreis bemißt sich mit nach dem Betrage der Grundsteuer. Ein Grundbesitzer, der sein Grundstück nach Empfang der Entschädigung für Aufhebung der Grundsteuerfreiheit veräußerte, wird es daher, da nun die Grundsteuer auf ihm lastete, regelmäßig nur für einen um den Betrag der Entschädigung billigeren Preis haben verkaufen können, als ihm dies vor Aufhebung der Grundsteuerbefreiungen möglich gewesen wäre. Die Wertsdifferenz hatte der Grundbesitzer eben in der Entschädigung vergütet erhalten. Diese hat er aber für sich behalten und nicht auf den neuen Erwerber übertragen, der nunmehr seinerseits der gewöhnlichen Steuerpflicht unterworfen war. Da der Erwerber des Gutes keinerlei Vorteil von der Entschädigung hat, ist ihm auch die Verpflichtung zur Rückerstattung nicht auferlegt worden. Voraussetzung ist dabei immerhin, daß das Gut durch den neuen Erwerber gegen Entgelt erworben war.

Abs. 2 ff. übertragen den in Abs. 1 aufgestellten Grundsatz auch auf die einzelnen Parzellen des Grundstückes.

§ 20.

Diejenigen Städte, welche gemäß § 7 des Gesetzes vom 21. Mai 1891 entschädigt worden sind, haben die empfangene Entschädigung an die Staatskasse zurückzuerstatten.

Sofern die einer Stadtgemeinde überwiesene Entschädigungssumme auf die einzelnen Besitzer der Grundstücke in der städtischen Feldmark verteilt worden ist (§ 18 Absatz 2 a. a. O.), haben diese nach Maßgabe der §§ 18, 19 die Rückerstattung an die Staatskasse zu bewirken.

Die Rückerstattung liegt grundsätzlich der Stadtgemeinde und nur, soweit dieselbe eine Unterverteilung auf die Grundbesitzer vorgenommen hat, diesen direkt ob. In letzterem Falle sollen die in §§ 18, 19 aufgestellten Grundsätze zur Anwendung kommen. Daraus ergiebt sich, daß die nach § 19 sich etwa herausstellenden Ausfälle nicht von der Stadtgemeinde zu erstatten, sondern allein vom Staate zu tragen sind.

§ 21.

Solchen Gemeinden, welche die Grundsteuerentschädigung zu gemeinnützigen, keine entsprechende Verzinsung gewährenden Einrichtungen verwendet haben, kann die Rückerstattung durch den Finanzminister ganz oder teilweise erlassen werden.

Kommt infolge von privatrechtlichen Abmachungen dem Grundbesitzer die Außerhebungsetzung der staatlichen Grund- und Gebäudesteuer nicht zu statten, so kann durch den Finanzminister der Zeitpunkt der Rückerstattung und der Beginn der Verzinsung bis zum Ablauf des betreffenden Vertrages, längstens aber bis zum 1. April 1910 hinausgeschoben werden.

Zu Abs. 1. Die Rückerstattungspflicht ist auch für diese Gemeinden an sich gesetzlich begründet, der Finanzminister ist nur berechtigt, aber nicht verpflichtet, die Rückerstattung teilweise zu erlassen.

Zu Abs. 2. Diese privatrechtlichen Abmachungen können namentlich darin bestehen, daß der Grundeigentümer sein Grundstück verpachtet hat, und der Pächter gegen eine entsprechend niedrigere Bemessung der Pacht die Zahlung der Grund- und Gebäudesteuer übernommen hat. In diesem Falle würde für die Dauer der Pachtperiode der Pachtzins vertragsmäßig feststehen, während seine niedrige Bemessung unter ganz anderen Voraussetzungen erfolgt ist, ferner die Außerhebungsetzung der staatlichen Grund- und Gebäudesteuer lediglich dem Pächter zu Gute kommen und zu alledem der Grundeigentümer noch verpflichtet sein, die für die Aufhebung der Grundsteuerfreiheit empfangene Entschädigung zurückzuerstatten, weil nunmehr die Grundsteuer nicht mehr erhoben wird. Diese Unbilligkeit dadurch zu beseitigen, daß man den Pächter eine entsprechende Quote der Rückerstattung und Verzinsung auferlegte, wäre wegen des damit verbundenen Eingreifens der Gesetzgebung in rein privatrechtliche Verhältnisse mit außergewöhnlichen Schwierigkeiten verbunden gewesen. So blieb nur das Mittel, den Zeitpunkt der Rückerstattung und den Beginn der Verzinsung entsprechend aufzuschieben. Dieser Aufschub tritt aber nicht unmittelbar auf Grund des Gesetzes ein, und es besteht kein Anspruch des Entschädigungspflichtigen darauf, sondern er kann vom Finanzminister angeordnet werden.

§ 22.

Soweit durch Vertrag eine Ablösung der durch die Gesetze vom 21. Mai 1861 (Gesetz-Samml. S. 253 und 317) und 11. Februar 1870 aufrecht erhaltenen Befreiungen von der Grund- und Gebäudesteuer stattgefunden hat, ist die empfangene Entschädigung an die Staatskasse zurückzuerstatten.

Die Bestimmungen des § 19 finden entsprechende Anwendung.

Nach den angeführten Gesetzen sind von der Grundsteuer die Dominialgrundstücke, von der Gebäudesteuer die zu den Standesherrschaften gehörenden Gebäude der vormals reichsunmittelbaren Fürsten und Grafen in dem durch § 24 der Instruktion vom 30. Mai 1820 bestimmten Umfange befreit, soweit die gedachten Fürsten und Grafen nicht in besonderen Verträgen auf die gedachte Steuerfreiheit verzichtet haben. Solche Verträge sind zum Teil vor zum Teil nach Erlaß der Grund- und Gebäudesteuergesetze zu Stande gekommen. Durch den Verzicht und den Empfang der Entschädigung wurden die betreffenden Mediatisierten den übrigen Steuerpflichtigen gleichgestellt. Wenn sie jetzt die empfangene Entschädigung zurückzuerstatten verpflichtet sind, so erwacht damit wieder ihr Spezialrecht auf Grund- und Gebäudesteuerfreiheit. Dem Staate gegenüber ist dasselbe allerdings — ebenso wie in dem Falle des § 19 — latent und erwacht erst von neuem, wenn der Staat etwa seinerseits wieder eine Grundsteuer erheben wollte. Es gewinnt jedoch eine sofortige praktische Bedeutung für die Kommunalbesteuerung, da nach § 21 des Kommunalabgabengesetzes die auf besonderen Rechtstiteln beruhenden Befreiungen einzelner Grundstücke, zu denen auch die der Mediatisierten gehören, aufrecht erhalten sind. Indem ein Standesherr die empfangene Entschädigung dem Staate zurückerstattet, kann er infolge des dadurch wieder erwachten Spezialrechtes für seine innerhalb einer Gemeinde belegenen Liegenschaften nur nach vorheriger erneuter Ablösung der Steuerfreiheit seitens der Gemeinde (§ 21 des Kommunalabgabengesetzes) zu den kommunalen Grundsteuern herangezogen werden.

§ 23.

Die zurückzuerstattenden Kapitalien (§§ 18—22) sind seitens der Pflichtigen vom 1. April 1895 ab mit $3^1/_2$ vom Hundert zu verzinsen.

Die Festellung der zurückzuerstattenden Kapitalien gebührt dem Finanzminister.

Gegen die Festellung steht den Pflichtigen binnen einer vom Tage der Mitteilung des zu erstattenden Betrages ab laufenden Ausschlußfrist von 3 Monaten der Rechtsweg offen.

Die Beschreitung des Rechtsweges hat aufschiebende Wirkung.

Da die Außerhebungsetzung der staatlichen Grund- und Gebäudesteuer mit dem 1. April 1895 beginnt, so wird auch mit diesem Zeitpunkte die Rückerstattung der Entschädigungskapitalien fällig, und sie sind wenigstens von diesem Zeitpunkte an zu verzinsen.

Der Rückerstattungsanspruch selbst ist ein öffentlichrechtlicher. Es handelt sich um Folgerungen aus dem dem Steuerrechte des Staates früher entgegenstehenden Singularrechte einzelner Klassen der Staatsangehörigen. Nach einem allgemeinen deutschen Rechtsgrundsatze, der namentlich auch in § 79 II, 14 A. L.-R. gesetzliche Anerkennung gefunden hat, wurde jedoch über die Frage der Steuerbefreiung auf Grund besonderer Rechtstitel der ordentliche Rechtsweg zugelassen. Es erschien daher auch angemessen, ihn über die Entschädigungserstattung nicht auszuschließen und zwar um so weniger, als es sich um vermögensrechtliche Beziehungen des Staates und einzelner Staatsangehörigen handelt.

§ 24.

Kapitalbeträge (§ 23), welche den Betrag von 25 Mark nicht erreichen, sowie Kapitalbeträge, welche über einen durch 25 ohne Rest teilbaren, in Mark ausgedrückten Geldbetrag hinausgehen, müssen binnen einer Frist von sechs Monaten nach erfolgter endgiltiger Feststellung nebst den bis zum Zahlungstage aufgelaufenen Zinsen zur Staatskasse eingezahlt werden.

Dem Verpflichteten steht es frei, nach seiner Wahl entweder

a) den noch verbleibenden Betrag des zu erstattenden Kapitals nebst den Zinsen binnen sechs Monaten nach erfolgter endgiltiger Festellung ebenfalls zur Staatskasse zurückzuzahlen, oder

b) statt dessen für die Zeit vom 1. April 1895 ab auf die Dauer von $60^1/_2$ Jahren eine in vierteljährigen Teilbeträgen fällige Tilgungsrente von jährlich 4 vom Hundert des Kapitals zu entrichten, wodurch das Kapital mit $3^1/_2$ vom Hundert verzinst, sowie mit $^1/_2$ vom Hundert und mit den durch die fortschreitende Tilgung ersparten Zinsen des ursprünglichen Kapitalbetrages getilgt wird.

Auch während des Zeitraumes von $60^1/_2$ Jahren kann der Verpflichtete die Tilgungsrente zum Beginn eines jeden Rechnungsjahres durch Barzahlung des noch nicht getilgten Teils des Kapitals ganz oder teilweise ablösen, mit der Beschränkung, daß bei teilweiser Ablösung der fortzuentrichtende Teil der Tilgungsrente einen auf volle Mark abgerundeten Jahresbetrag ergeben muß. Welche Beträge in den verschiedenen Jahren der $60^1/_2$ jährigen Tilgungsdauer zur Ablösung erforderlich sind, ergiebt die beiliegende Tilgungstafel.

Die fälligen Beträge an Kapital und Renten unterliegen der Beitreibung im Verwaltungszwangsverfahren.

Während die Verzinsungspflicht für die Erstattungskapitalien mit dem 1. April 1893 beginnt, ist die wirkliche Rückerstattung nur bezüglich der in § 24 genannten kleineren Entschädigungskapitalien innerhalb sechs Monaten nach endgiltiger Feststellung vorgeschrieben. Für alle größeren Kapitalien greift, soweit der Verpflichtete nicht die sofortige Zahlung vorzieht, das in Abs. 2 angeordnete Amortisationsverfahren Platz.

Die Tilgungstafel s. am Schlusse dieses Gesetzes.

§ 25.

Die aus den §§ 18, 19, 20 Absatz 2, §§ 22—24 folgenden Verpflichtungen ruhen auf den Gütern und Grundstücken, wofür die Entschädigung geleistet worden ist, als eine öffentliche, auf jeden Besitzer übergehende Last.

Wird ein mit einer Tilgungsrente behaftetes Gut oder Grundstück zerstückelt, so ist die Tilgungsrente nach den Vorschriften der

§§ 2—5 des Gesetzes, betreffend die Verteilung der öffentlichen Lasten bei Grundstücksteilungen u. s. w., vom 25. August 1876 (Gesetz-Samml. S. 405) zu verteilen, mit der Maßgabe, daß die Bestätigung des Verteilungsplanes durch die Bezirksregierung erfolgt.

Die bei der Verteilung sich ergebenden, hinter dem Jahresbetrage von einer Mark zurückbleibenden Tilgungsrenten oder über volle Markbeträge überschießenden Rententeile sind nach den Grundsätzen des § 24 durch Kapitalzahlung abzulösen.

In den Fällen des § 19 Absatz 3 bleibt die Verteilung ausgeschlossen.

Ein nach Inkrafttreten des Gesetzes erfolgender Verkauf des Grundstückes würde daher die in § 19 vorgesehene Wirkung nicht haben, da die Last sofort als dingliche auf dem Grundstücke ruht.

§ 26.

Insoweit nicht in den §§ 24, 25 ein Anderes bestimmt ist, regeln sich die Zahlung, Sicherstellung und Tilgung der Kapitalien und Tilgungsrenten nach den entsprechenden Vorschriften in den §§ 18 bis 27 des Gesetzes über die Errichtung von Rentenbanken vom 2. März 1850 (Gesetz-Samml. S. 112), mit der Maßgabe, daß die Bezirksregierung an die Stelle der Rentenbank tritt.

Nach dem Gesetze vom 2. März 1850 giebt die Rentenbank dem Berechtigten staatlich garantierte, auf den Inhaber lautende Rentenbriefe in Höhe des zwanzigfachen Betrages der Rente, welche zu vier Prozent verzinslich sind. Da die vom Verpflichtenden zu leistende Rente zum zwanzigfachen Betrage kapitalisiert ist, so verbleibt hiernach ein jährlicher Überschuß von einem Prozent, welches der Berechtigte von der Leistung des Verpflichteten nicht erhält. Von diesem einen Prozent wird dem Verpflichteten die Hälfte erlassen, so daß er nur $^{9}/_{10}$ der Rente zu zahlen hat, er kann aber auch die volle Rente weiter entrichten. Durch den den Zinsenbetrag übersteigenden Teil der Rente erfolgt die Amortisation der Rentenbriefe, welche nach Maßgabe der angesammelten Tilgungsfonds allmählich ausgelost werden. Die Amortisation der Rente vollzieht sich daher, wenn der Verpflichtete $^{9}/_{10}$ der Rente zahlt, in $56\,^{1}/_{12}$, wenn er die volle Rente zahlt in $41^{1}/_{12}$ Jahren. Diese Bestimmungen werden jedoch für die Rückerstattung der Entschädigungskapitalien dahin modificiert, daß die Vermittlung der Rentenbanken und die Ausgabe von Rentenbriefen nicht eintritt, sondern der Staat als Gläubiger direkt die Tilgungsraten durch die Bezirksregierung in Empfang nimmt.

§ 27.

Die sämtlichen, behufs Rückerstattung von Kapitalien nebst Zinsen (§§ 18 bis 25) im Laufe eines jeden Rechnungsjahres gezahlten Beträge werden zum Zwecke der Tilgung von Staatsschulden durch Rückkauf eines entsprechenden Betrages von Schulddokumenten der Staatsschuldentilgungskasse überwiesen.

§ 28.

Das Gesetz, betreffend Überweisung von Beträgen, welche aus landwirtschaftlichen Zöllen eingehen, an die Kommunalverbände, vom 14. Mai 1885 (Gesetz-Sammlung S. 128) tritt außer Kraft.

Soweit die Kreise bis zum 1. April 1895 die ihnen für das Rechnungsjahr 1894/95 zu überweisenden Summen noch nicht empfangen oder über die Verwendung dieser Summen noch keine endgiltige Entscheidung getroffen haben, kommen die Vorschriften jenes Gesetzes auch ferner zur Anwendung.

Als Ersatz für die landwirtschaftlichen Zölle erhalten die Kommunalverbände die erweiterte Möglichkeit der Erhebung von Realsteuern, auf welche der Staat zu ihren Gunsten vollständig verzichtet hat. Vgl. im übrigen über die Gründe der Aufhebung der sog. Lex Huene die den Gesetzesvorlagen beigefügte Denkschrift.

§ 29.

Die Bestimmungen der §§ 1—27 finden auf die Hohenzollernschen Lande keine Anwendung.

Die Umgestaltung des Systems der direkten Steuern in diesen Landen bleibt einem besonderen Gesetze vorbehalten.

Bis zum Erlasse eines solchen Gesetzes wird für die Hohenzollernschen Lande vom 1. April 1896 ab ein fester Jahresbetrag von 62020 Mark aus der Staatskasse überwiesen.

Dieser Betrag wird nach den Verhältnissen der durch die letztvorangegangene Volkszählung ermittelten Einwohnerzahlen auf die einzelnen Gemeinden verteilt. Den Vertretern der letzteren steht die Beschlußfassung über die Verwendung zu.

Vgl. die Anm. zum Eingange des Kommunalabgabengesetzes.

§ 30.

Das gegenwärtige Gesetz tritt mit dem 1. April 1895, jedoch nur gleichzeitig mit dem Kommunalabgabengesetze und dem Ergänzungssteuergesetze in Kraft; die Bestimmungen der §§ 7, 10 Absatz 1, § 11 Absatz 3, § 14 Absatz 3, §§ 17, 25 Absatz 1 gelangen mit dem Tage der Verkündigung zur Geltung.

Die Veranlagung für die Zwecke der kommunalen Besteuerung (§ 3 Absatz 2, § 4) erfolgt nach den Vorschriften dieses Gesetzes zunächst für das Rechnungsjahr 1895/96.

Die am 1. April 1895 verbliebenen Rückstände der in den §§ 1, 2 bezeichneten Steuern werden nach Maßgabe der bis dahin geltenden Bestimmungen zur Staatskasse eingezogen; das gleiche gilt von Nachsteuern und Strafen im Bereiche der Grund-, Gebäude- und Gewerbe- (Betriebs-) Steuer.

§ 31.

Die Minister der Finanzen und des Innern werden mit der Ausführung dieses Gesetzes beauftragt.

Urkundlich 2c.

Die Ausführungsinstruktion ist bisher nicht erlassen.

Tilgungs-

Anlage zu §§ 24 und 25 des Gesetzes wegen Aufhebung

Tilgung eines mit 3½ vom Hundert verzinslichen Kapitals von 100 Mark durch eine jährliche Rente von 4 vom Hundert.				Das Ablösungs-		
Nach Jahren	treffen von der Rente auf		und es bleiben vom Kapital noch zu tilgen	im Laufe des Rechnungsjahres vom 1. April	von 10 Mark	von 9 Mark
	Zinsen Mark	Kapital Mark	Mark		Mark	Mark
0	—	—	100,0000	1895—1896	250,00	225,00
1	3,5000	0,5000	99,5000	1896—1897	248,75	223,88
2	3,4825	0,5175	98,9825	1897—1898	247,46	222,71
3	3,4644	0,5356	98,4469	1898—1899	246,12	221,51
4	3,4456	0,5544	97,8925	1899—1900	244,73	220,26
5	3,4262	0,5738	97,3187	1900—1901	243,30	218,97
6	3,4062	0,5938	96,7249	1901—1902	241,81	217,63
7	3,3854	0,6146	96,1103	1902—1903	240,28	216,25
8	3,3639	0,6361	95,4742	1903—1904	238,69	214,82
9	3,3416	0,6584	94,8158	1904—1905	237,04	213,34
10	3,3186	0,6814	94,1344	1905—1906	235,34	211,80
11	3,2947	0,7053	93,4291	1906—1907	233,57	210,22
12	3,2700	0,7300	92,6991	1907—1908	231,75	208,57
13	3,2445	0,7555	91,9436	1908—1909	229,86	206,87
14	3,2180	0,7820	91,1616	1909—1910	227,90	205,11
15	3,1907	0,8093	90,3523	1910—1911	225,88	203,29
16	3,1623	0,8377	89,5146	1911—1912	223,79	201,41
17	3,1330	0,8670	88,6476	1912—1913	221,62	199,46
18	3,1027	0,8973	87,7503	1913—1914	219,38	197,44
19	3,0713	0,9287	86,8216	1914—1915	217,05	195,35
20	3,0388	0,9612	85,8604	1915—1916	214,65	193,19
21	3,0051	0,9949	84,8655	1916—1917	212,16	190,95
22	2,9703	1,0297	83,8358	1917—1918	209,59	188,63
23	2,9343	1,0657	82,7701	1918—1919	206,93	186,23
24	2,8970	1,1030	81,6671	1919—1920	204,17	183,75
25	2,8583	1,1417	80,5254	1920—1921	201,31	181,18
26	2,8184	1,1816	79,3438	1921—1922	198,36	178,52
27	2,7770	1,2230	78,1208	1922—1923	195,30	175,77
28	2,7342	1,2658	76,8550	1923—1924	192,14	172,92
29	2,6899	1,3101	75,5449	1924—1925	188,86	169,98
30	2,6441	1,3559	74,1890	1925—1926	185,47	166,93

Anlage.

tafel

direkter Staatssteuern vom . . . . 1893.

kapital beträgt für die jährliche Tilgungsrente

von 8 Mark	von 7 Mark	von 6 Mark	von 5 Mark	von 4 Mark	von 3 Mark	von 2 Mark	von 1 Mark
Mark	Mark	Mark	Mark	Mark	Mark	Mark	Mark
200,00	175,00	150,00	125,00	100,00	75,00	50,00	25,00
199,00	174,13	149,25	124,38	99,50	74,63	49,75	24,88
197,97	173,22	148,47	123,73	98,98	74,24	49,49	24,75
196,89	172,28	147,67	123,06	98,45	73,84	49,22	24,61
195,79	171,31	146,84	122,37	97,89	73,42	48,95	24,47
194,64	170,31	145,98	121,65	97,32	72,99	48,66	24,33
193,44	169,27	145,09	120,91	96,72	72,54	48,36	24,18
192,22	168,19	144,17	120,14	96,11	72,08	48,06	24,03
190,95	167,08	143,21	119,34	95,47	71,61	47,74	23,87
189,63	165,93	142,22	118,52	94,82	71,11	47,41	23,70
188,27	164,74	141,20	117,67	94,13	70,60	47,07	23,53
186,86	163,50	140,14	116,79	93,43	70,07	46,71	23,36
185,40	162,22	139,05	115,87	92,70	69,52	46,35	23,17
183,89	160,90	137,92	114,93	91,94	68,96	45,97	22,99
182,32	159,53	136,74	113,95	91,16	68,37	45,58	22,79
180,70	158,12	135,53	112,94	90,35	67,76	45,18	22,59
179,03	156,65	134,27	111,89	89,51	67,14	44,76	22,38
177,30	155,13	132,97	110,81	88,65	66,49	44,32	22,16
175,50	153,56	131,63	109,69	87,75	65,81	43,88	21,94
173,64	151,94	130,23	108,53	86,82	65,12	43,41	21,71
171,72	150,26	128,79	107,33	85,86	64,40	42,93	21,47
169,73	148,51	127,30	106,08	84,87	63,65	42,43	21,22
167,67	146,71	125,75	104,79	83,84	62.88	41,92	20,96
165,54	144,85	124,16	103,46	82,77	62,08	41,39	20,69
163,33	142,92	122,50	102,08	81,67	61,25	40,83	20,42
161,05	140,92	120,79	100,66	80,53	60,39	40,26	20,13
158,69	138,85	119,02	99,18	79,34	59,51	39,67	19,84
156,24	136,71	117,18	97,65	78,12	58,59	39,06	19,53
153,71	134,50	115,28	96,07	76,86	57,64	38,43	19,21
151,09	132,20	113,32	94,43	75,54	56,66	37,77	18,89
148,38	129,83	111,28	92,74	74,19	55,64	37,09	18,55

Tilgung eines mit $3^1/_2$ vom Hundert verzinslichen Kapitals von 100 Mark durch eine jährliche Rente von 4 vom Hundert.				Das Ablösungs-		
Nach Jahren	treffen von der Rente auf Zinsen Mark	treffen von der Rente auf Kapital Mark	und es bleiben vom Kapital noch zu tilgen Mark	im Laufe des Rechnungsjahres vom 1. April	von 10 Mark Mark	von 9 Mark Mark
31	2,5966	1,4034	72,7856	1926—1927	181,96	163,77
32	2,5475	1,4525	71,3331	1927—1928	178,33	160,50
33	2,4967	1,5033	69,8298	1928—1929	174,57	157,12
34	2,4440	1,5560	68,2738	1929—1930	170,68	153,62
35	2,3896	1,6104	66,6634	1930—1931	166,66	149,99
36	2,3332	1,6668	64,9966	1931—1932	162,49	146,24
37	2,2749	1,7251	63,2715	1932—1933	158,18	142,36
38	2,2145	1,7855	61,4860	1933—1934	153,72	138,34
39	2,1520	1,8480	59,6380	1934—1935	149,10	134,19
40	2,0873	1,9127	57,7253	1935—1936	144,31	129,88
41	2,0204	1,9796	55,7457	1936—1937	139,36	125,43
42	1,9511	2,0489	53,6968	1937—1938	134,24	120,82
43	1,8794	2,1206	51,5762	1938—1939	128,94	116,05
44	1,8052	2.1948	49,3814	1939—1940	123,45	111,11
45	1,7283	2,2717	47,1097	1940—1941	117,77	106,00
46	1,6488	2,3512	44,7585	1941—1942	111,90	100,71
47	1,5665	2,4335	42,3250	1942—1943	105,81	95,23
48	1,4814	2,5186	39,8064	1943—1944	99,52	89,56
49	1,3932	2,6068	37,1996	1944—1945	93,00	83,70
50	1,3020	2,6980	34,5016	1945—1946	86,25	77,63
51	1,2076	2,7924	31,7092	1946—1947	79,27	71,35
52	1,1098	2,8902	28,8190	1947—1948	72,05	64,84
53	1,0087	2,9913	25,8277	1948—1949	64,57	58,11
54	0,9040	3,0960	22,7317	1949—1950	56,83	51,15
55	0,7956	3,2044	19,5273	1950—1951	48,82	43,94
56	0,6835	3,3165	16,2108	1951—1952	40,53	36,47
57	0,5674	3,4326	12.7782	1952—1953	31,95	28,75
58	0,4472	3,5528	9,2254	1953—1954	23,06	20,76
59	0,3229	3,6771	5,5483	1954—1955	13,87	12,48
60	0,1942	3,8058	1,7425	1955—1956	4,36	3,92

kapital beträgt für die jährliche Tilgungsrente

von 8 Mark	von 7 Mark	von 6 Mark	von 5 Mark	von 4 Mark	von 3 Mark	von 2 Mark	von 1 Mark
Mark	Mark	Mark	Mark	Mark	Mark	Mark	Mark
145,57	127,37	109,18	90,98	72,79	54,59	36,39	18,20
142,67	124,83	107,00	89,17	71,33	53,50	35,67	17,83
139,66	122,20	104,74	87,29	69,83	52,37	34,91	17,46
136,55	119,48	102 41	85,34	68,27	51,21	34,14	17,07
133,33	116,66	100,00	83,33	66,66	50,00	33,33	16,67
129,99	113,74	97,49	81,25	65,00	48,75	32,50	16,25
126,54	110,73	94,91	79,09	63,27	47,45	31,64	15,82
122,97	107,60	92,23	76,86	61,49	46,11	30,74	15,37
119,28	104,37	89,46	74,55	59,64	44,73	29,82	14,91
115,45	101,02	86,59	72,16	57,73	43,29	28,86	14,43
111,49	97,55	83,62	69,68	55,75	41,81	27,87	13,94
107,39	93,97	80,55	67,12	53,70	40,27	26,85	13,42
103,15	90,26	77,36	64,47	51,58	38,68	25,79	12,89
98,76	86,42	74,07	61,73	49,38	37,04	24,69	12,35
94,22	82,44	70,66	58,89	47,11	35,33	23,55	11,78
89,52	78,33	67,14	55,95	44,76	33,57	22,38	11,19
84,65	74,07	63,49	52,91	42,33	31,74	21,16	10,58
79,61	69,66	59,71	49,76	39,81	29,85	19,90	9,95
74,40	65,10	55,80	46,50	37,20	27,90	18,60	9,30
69,00	60,38	51,75	43,13	34,50	25,88	17,25	8,63
63,42	55,49	47,56	39,64	31,71	23,78	15,85	7,93
57,64	50,43	43,23	36,02	28,82	21,61	14,41	7,20
51,66	45,20	38,74	32,28	25,83	19,37	12,91	6'46
45,46	39,78	34,10	28,41	22,73	17,05	11,37	5,68
39,05	34,17	29,29	24,41	19,53	14,65	9,76	4,88
32,42	28,37	24,32	20,26	16,21	12,16	8,11	4,05
25,56	22,36	19.17	15,97	12,78	9,58	6,39	3,19
18,45	16,14	13,84	11,53	9,23	6,92	4,61	2,31
11,10	9,71	8,32	6,94	5,55	4,16	2,77	1,39
3,49	3,05	2,61	2,18	1,74	1,31	0,87	0,44

Bemerkungen.

1. Beispiel. Ist ein Kapital von . . . . 568,37 Mk. zu erstatten, so ist der nächst kleinere, durch 25 ohne Rest teilbare Kapitalbetrag . . . . 550,00 „

Der Überschuß von . . . . 18,37 Mk. nebst Zinsen ist sofort zurückzuzahlen, und für den Betrag von 550 Mk. ist eine jährliche Tilgungsrente von $\frac{550 \times 4}{100} = 22$ Mk. zu entrichten. Soll der Gesammtbetrag dieser Rente, nachdem sie für die Zeit vom 1. April 1895 bis zum 1. April 1914 gezahlt worden ist, im Rechnungsjahre 1914—1915 abgelöst werden, so berechnet sich das hierfür am 1. April 1914 zu zahlende Ablösungskapital, wie folgt:

für 10 Mk. Rente auf	217,05 Mk.
„ 10 „ „ „	217,05 „
„ 2 „ „ „	43,41 „
zusammen für 22 Mk. Rente auf	477,51 Mk.

2. Beispiel. Wird ein Gut oder Grundstück in zwei Theile zerstückelt, und werden bei der Verteilung der darauf ruhenden Tilgungsrente von 42 Mk. jährlich für die Zeit vom 1. April 1941 ab die Antheile der beiden Stücke auf 16,43 Mk. und 25,57 Mk. festgestellt, so betragen die weiter zu zahlenden Renten 16 Mk. und 25 Mk. jährlich, während die überschießenden Rententeile von 0,43 Mk. und 0,57 Mk. durch Kapitalzahlung abzulösen sind. Die am 1. April 1941 zahlbaren Ablösungskapitalien berechnen sich im Rechnungsjahre 1941—1942:

für 0,40 Mk. Rente auf . . . . $\frac{44,76}{10}$ =	4,476 Mk.
„ 0,03 „ „ „ . . . . $\frac{33,57}{100}$ =	0,3357 „
zusammen für 0,43 Mk. Rente auf	4,81 Mk.
für 0,50 „ Rente auf . . . . $\frac{55,95}{10}$ =	5,595 „
„ 0,07 „ „ „ . . . . $\frac{78,33}{100}$ =	0,7833 „
zusammen für 0,57 Mk. Rente auf	6,38 Mk.

Register.

Die Zahlen bedeuten die Seiten.

MIX
Papier | Fördert gute Waldnutzung
FSC® C083411

Kolibri 360 GmbH
Ferdinand-Jühlke-Straße 7
99095 Erfurt, Deutschland
produktsicherheit@kolibri360.de